覚悟の力

どんなに辛くても十年は
続けること。これ、即ち修行なり

比叡山
十二年籠山行満行者
宮本祖豊

致知出版社

まえがき

私の少年期・青年期は日本の高度成長時代であり、科学・経済・社会は急速に変わり、日本人の暮らしは物質的に非常に豊かになった。その反面、精神的なものは徐々に衰えていったように思う。

そんな時代に逆向するかのように、私は自己反省の中から「徳を積む」という命題に人生を賭けてみたいと思い、比叡山で最も厳しい行の一つと云われる十二年籠山行に挑んだ。

十二年という年月の長さは、伝教大師《でんぎょうだいし》最澄《さいちょう》が言われた「明らかに知んぬ、最下鈍の者も十二年を経ば、必ず一験《いっけん》を得んことを」との言葉に依《よ》る。この言葉を信じて私は平成元年から二十年間、比叡山での修行に没頭した。

「目に見たことはないが、神仏はいるであろう」くらいの信仰心しか持っていない中で在家から僧侶の道に入り、厳しい修行の最中に「神や仏は本当にいるのであろうか」との疑問が幾度も訪れたり、死の寸前までいくような肉体の限界まで達することが度々《たびたび》あったが、力を振り絞り「あと一歩、もう一歩」と全力で前進することで挫けそうな心や体を乗り越え、多くの困難を克服してきた。二十年という時間の長さも、遙か遠くを目指して歩んだのではなく、今一瞬を如何に生き切るかの連続の結果であった。また、そのことによって毎日が感謝の心と喜びで過ごすことができ、命を賭けて悔いない時間を送れた。

平成二十一年に二十年間に及ぶ修行に一旦区切りを付けて比叡山を降りることになったが、人生は死ぬまで修行である。

伝教大師最澄は比叡山を人材養成の道場として開いたが、仏教の教えは僧だけのために必要と考えた訳ではなく、「真俗一貫《しんぞくいっかん》」であると考え、多くの人々に役立つために教えを弘《ひろ》めた。それは大師が十九歳で比叡山に修行に入った時からの誓願《せいがん》であり、一生を通して「仏国土を浄め、衆生を成就し、未来際《みらいざい》を尽くして恒《つね》に仏事を作《な》さん」の言葉を実行した。その教えから十二年籠山を満した者は多くの人の為に教えを弘めるべきと考えられた。

仏の教えは決して遙か遠く、手の届かないくらい高いものではない。お釈迦様は「親孝行する人の側には、常に私がいる」とおっしゃられた。また、大師は「一隅《いちぐう》を照らす」の精神を世に知らせたいと考えていた。それは数千人の中から千里・万里を照らす大人物を一人・二人育てることではなく、自分の置かれたポストに全力を尽くすことで周りの人々を十人・二十人・三十人と癒やし、勇気を与え、光を投げかけて照らすことができる、そんな人を千人・万人・百万人育てることを願ったのである。これらの教えはどの社会でも、どの世界でも、そしてどんな人種にも通じる教えであろう。

この度、出版の機会をいただき、自分の修行で感じたもの、得られたものがこの本を通じて多くの人に、何らかの形で役立つことができれば誠に幸いである。

最後に、この出版にご尽力いただいた致知出版社社長の藤尾秀昭氏、企画していただいた編集部の小森俊司氏、致知出版社を薦めていただいた世界連邦運動協会京都支部長の品川幹雄氏、その他多くの皆様に深く感謝申し上げます。そして恒に陰で支えてくれた両親にこの本を捧げたい。

平成二十六年十月

比叡山麓戒蔵院にて

比叡山延暦寺一山　円龍院住職　宮本祖豊

覚悟の力＊目次

第三章 死の縁に立った仏様——好相行に挑む

第四章 決死の十二年籠山行

第五章　一隅を照らして生きる

装　幀——川上成夫
編集協力——柏木孝之
カバー書——髙塚竹堂
本文写真——加藤正規

第一章

「国宝」となる人材を育てる

——十二年籠山行と伝教大師最澄

◉「十二年続ければ必ず身につくものがある」と教えた伝教大師

比叡山《ひえいざん》に延暦寺《えんりゃくじ》を開いた伝教大師最澄上人は、国家をリードする優れた人材を育てることを終生の眼目《がんもく》としました。そのため、比叡山に上がって修行するお坊さんたちに対し、『山家学生式《さんげがくしょうしき》』として知られる規範を定めました。

この『山家学生式』の中には、比叡山でお坊さんになった者は、十二年の間、山上に籠《こも》って厳しい修行を積まなければならないということが書かれています。当時のお坊さんは国家試験によって選ばれるエリートでした。人々を感化して正しい道に導く「国宝」と考えられていました。そういう立場に就くためには、まず自らが厳しい修行に励んで、人々に尊敬されるような徳の高い人間になる必要があると伝教大師は考えられたのです。

大師は、そういう人物になるための期間を十二年と定めました。十二年という年数は、密教にある『蘇悉地経《そしつじきょう》』というお経が根拠になっています。このお経の中に、「最下鈍《さいげどん》の者（一番レベルの低い者）でも、十二年間一つのことを行なえば必ず一験を得る」というように書かれています。この考え方を基にして、伝教大師は十二年籠山《ろうざん》を天台宗の教えとしたのです。

今日の教育制度は小学校六年、中学校三年、高校三年の六・三・三制を敷いています。合わせて十二年になりますが、これは伝教大師の十二年籠山行の教えを念頭に置いて政府がつくったともいわれます。

勉強と修行の違いはあっても、十二年の期間で一人前の人間になることを目標にしたものだと聞いていますが、人間の精神レベルを向上させるためにはやはり十年単位の時間が必要だということなのでしょう。

十二年籠山制度が定まって以来、比叡山では千二百年にわたり多くの僧が山上において法華円教《ほっけえんぎょう》・真言密教（台密）・達磨禅法《だるまぜんぽう》・大乗菩薩戒《だいじょうぼさつかい》・念仏といった多様な仏教の教えを学びました。比叡山は、今日でいえば仏教を学ぶための総合大学のような場所になり、ここから多くの高僧が輩出されてきました。

◉伝教大師に仕える侍真職になるための好相行

私は二十二歳で比叡山に上がり、得度受戒《とくどじゅかい》をしてお坊さんになりました。近年は籠山制度も変わり、必ずしも全員が十二年の修行を積む時代ではありませんが、私は比叡山に上った時点で伝教大師が定めた規範に則《のっと》って十二年籠山行をしたいと希望しました。

しかし、この籠山行に入るためにはいくつか条件をクリアしなければなりません。在家《ざいけ》からお坊さんになった私は、それをすべてクリアするために八年あまりの歳月を要しました。中でも過酷なのは好相行《こうそうぎょう》という行です。好相行は、伝教大師のご遺体が安置される御廟《ごびょう》のある比叡山でもっとも森厳《しんげん》な聖地・浄土院で、大師様に仕える侍真《じしん》職になるために行なう行です。大師様に仕える資格を備えるため、心の穢《けが》れを取り去り清らかにすることを目的としています。

好相行は、浄土院のお堂の一角に設けられた場所に籠り、「三千仏名経《さんぜんぶつみょうきょう》」と

浄土院にある伝教大師の御廟

いうお経に書かれている三千の仏様のお名前を一仏一仏唱《とな》えながら一日に三千回の礼拝《らいはい》をします。ご飯、トイレ、朝の沐浴《もくよく》の時間を除くと、ほとんど二十四時間お堂に入って礼拝を続けます。横になって眠ることはできません。

夏場は脱水症状に苦しみ、冬場は寒さで手足の指先が割れて血が出てきます。十分に寝ていないために幻覚を見たり幻聴を聞いたりします。薄暗い中にいるため夕方になると目が見えなくなり、また平衡感覚を失って床が傾いて見えるようになります。

この行を続けていると徐々に煩悩《ぼんのう》が

消え去り、心が真っ白になります。するとやがて目の前に光り輝く仏様が立ち現われるのです。この仏様が立ったところで好相行は終わります。

しかし、いつ仏様が立つかはわかりません。だいたいの目安は三か月といわれていますが、三か月経っても見えなければ、見えるまで行は続きます。見えないからといって途中で止めることはできません。見えるか、死ぬか。二つに一つです。

私は煩悩が人一倍多かったのか、行を終える（満行《まんぎょう》する）までに三年余りの月日を要することになりました。途中、二度の中断を挟《はさ》みました。一度目は九か月続けたところで先達の侍真が「これ以上続けるのは難しい」と判断されました。そのあと約一年のインターバルを開け、体力の回復を待って再開された二度目の行でも仏様は一向に現われず、九か月を経過したところで命の危険があるということでドクターストップがかかりました。

好相行は江戸時代の元禄年間から始まり、今日まで三百年間に百十五人の行者が満行していますが、四か月以上続けたという記録は残っていません。九か月、しかもそれを二度繰り返すというのは前代未聞です。好相行に携わっている周りの人たちは大いに困惑したようです。

医者による検査の結果、なんとか続行できそうだと判断され、私はすぐに三度目の行に入りました。そして、一か月ほどが経ったある日、ついに光り輝く仏様が私の目の前に立ち現われました。周囲の人たちにそれを伝え、間違いないという判定が下り、私はようやく好相行を満行しました。

◉比叡山伝統の「静の行」十二年籠山行の歴史

このようにして好相行を満行した私は侍真職を拝命し、念願の十二年籠山行に入行することになりました。

十二年籠山行は「動の行」といわれる千日回峰行《せんにちかいほうぎょう》と並び、比叡山の二大難行といわれています。ただ、「静の行」といわれるように、見方によっては単調で、千日回峰行のようなダイナミックさは微塵《みじん》もありません。非常に地味な行ですので、一般の方はほとんど知りません。それどころか天台宗の関係者さえ知らない場合もあります。

地方にある天台宗の寺院から毎年住職が檀家《だんか》さんを連れて比叡山にお参りにやってきます。そして浄土院にある伝教大師の御廟で説明を聴いて、初めて籠山行について知る人も少なくありません。ただし、そこでも中でどんな厳しい修行が行なわれているかについては聞くことがないので、詳しいことは天台宗の住職も檀家さんでも知らないのです。

では、十二年籠山行とはどういうものなのか、その歴史を簡単に振り返ってみたいと思います。

先に述べたように、十二年籠山の制度はもともと伝教大師が比叡山で修行するお坊さんに対して決めた規範です。伝教大師の頃のお坊さんは今とは違って太《だ》政官《じょうかん》という官庁の許可が必要でした。その許可を得るためには、三年以上の規則正しい寺院生活の経験と国家試験の合格が必須とされていました。

そこで伝教大師は、得度した年に受戒した僧は比叡山に住んで十二年間は山門から外に出ずに修学に勤めることを課したのです。その詳細は弘仁九（八一八）年に定められた『山家学生式』に書かれていますが、これに従って多くの弟子たちが修行に励むことになりました。

しかし、この制度は平安後期になると乱れてきます。比叡山の中興の祖といわれる元三慈恵大師《がんざんじえだいし》が出る時分には、夜な夜な修行僧が籠山の結界《けっかい》を破って京都まで遊びに行くという堕落した状況になりました。そこで元三慈恵大師は二十六か条の規則（『廿六箇条起請』）を定め、行に耐えうる人材を選定するとともに、行者は結界を出ないように厳しく戒めました。

また鎌倉時代になると、比叡山の西塔黒谷《さいとうくろだに》という場所で復興運動が起こり、鎌倉後期に興円《こうえん》という方が十二年籠山制度を完全復活させます。しかし、これも次第に途絶えていきました。さらに室町時代になると、滋賀・坂本にある西教寺で天台真盛宗を興した真盛上人《しんせいしょうにん》が出て十二年籠山行を満行しますが、その後は数えるほどしか後継者が出ないまま戦国時代に入っていきます。

戦国の世になると、比叡山および延暦寺にとって大きな事件が起こります。よく知られる織田信長の手による叡山焼き討ちです。これによって延暦寺や日吉大社はほぼ壊滅してしまいます。

しかし、信長が本能寺の変で世を去ると、叡山の復興とともに十二年籠山制度を復活させようという機運が芽生えてきました。そして江戸時代になって、徳川家康の側近として知られる天台宗の僧・天海大僧正の力によって比叡山は復興します。延暦寺や日吉大社などの建物は建て直され、浄土院も家光の時代には再建されました。

ただし、浄土院もすでに焼失から時間が経っていたため、伝教大師をお祀りしている御廟の場所がわかりませんでした。そこで、仕方なく大方の見当で場所を決めて再建されることになりました。また建物は建っても御廟を守るお坊さんは誰もいないという状態でした。

このときに出たのが妙立《みょうりゅう》慈山《じさん》和尚《おしょう》と霊空光謙《れいくうこうけん》和尚の二人です。妙立和尚が師匠で霊空和尚が弟子という関係ですが、この二人が中心になって緩んでいた僧の戒律をもう一遍しっかり守って修行しようという戒律復興運動が起きました。その中核として、十二年籠山制度も復活を遂げることになりました。

同時に、二人は御廟のある浄土院と十二年籠山制度を結びつけて、十二年籠山行を浄土院でやることを発案しました。本来、十二年籠山行は比叡山の山上ならばどこの場所でやってもよかったのですが、それを浄土院でやるという形にしたのです。そうすれば籠山するお坊さんは十二年の間は絶対に山から下りませんから、当然のこととして伝教大師の御廟を守って行くことができるのです。

また、このときに籠山に入る前提として好相行を満行することが条件となりました。それを決めたのは霊空和尚です。妙立和尚は江戸時代の中期の頃に「昔の教えに則って戒律を守る」といって好相行を満行して戒律を受けました。その経験から、比叡山で十二年籠山行を復興する際に好相行の満行を十二年籠山行の前提条件に入れることにしたのです。

この制度改革に基づき、現在の籠山行は浄土院に十二年間籠り、大師様の〝生ける魂〟にお仕えするという形式をとっています。伝教大師は平安時代に生きておられた方ですから、当然、その肉体は滅びていますが、比叡山および天台宗では「伝教大師の肉体は滅びても、その魂は今でも生きている」と考えています。その魂に侍真職は仕えるのです。

籠山の十二年間は、浄土院の門の外には一歩たりとも出ることは許されません。また、外の人間と接触することもありません。病気になっても医者に診てもらうことはできず、親が亡くなっても山を下りることはできません。テレビもラジオも新聞も雑誌もない完全な孤立状態の中で、決められた一日のスケジュールに則って朝晩のお勤め、三時間に及ぶ庭掃除などを粛々《しゅくしゅく》とこなしながら、自分自身と徹底的に向き合っていくのです。

食事は一日二食、それもカロリーの低い精進料理ですので、体力は確実に奪われていきます。医者にかかることはできませんから、重い病気を患えば確実に死を迎えます。

過去の歴史をひもとくと、元禄年間に侍真制度が始まって今日までに百十七名が籠山をしていますが、満行した者は八十一名で約七割です。籠山中に病気によって亡くなった者、行方知れずになった者もいます。その厳しさのゆえに、今では十二年籠山行を志願する人はほとんどなく、十年か二十年に一人出るかどうかといった様子になっています。

◉人間は十年単位の時間をかけて一歩だけ成長する

皆様はお考えになるかもしれません。なんのためにそんな難行に打ち込むのか、と。一言で答えるならば、それは自分自身を知り、自らの精神レベルを向上させるためです。

私の師僧《しそう》（師匠）である堀澤祖門《ほりさわそもん》師という方がおられます。堀澤師は私と同様、在家出身のお坊さんです。京都大学を中退して二十代で比叡山に登り、叡南祖賢《えなみそけん》師について出家し、僧侶の世界に入りました。

堀澤師は戦後間もなく十二年籠山行に入り、戦後初の満行者となりました。籠山中に自分の修行方法を坐禅に見出し、満行後は坐禅の源流を求めてインドに三年間留学し、帰国後は居士林《こじりん》の所長として在家の指導に当たられました。

坐禅については比叡山一といわれ、八十五歳になられる現在まで、六十年以上ずっと坐禅を続けてこられました。私は小僧のときに一緒に坐禅をさせていただきましたが、三百六十五日、一日も欠けることなく坐り続けました。最初はやはり慣れないものですから、私は足が痺れて痛くてしかたありませんでした。こんな痛みに堪《た》えて何になるのだろうと思ったものです。

そんなある日、師僧は私にいいました。

「毎日毎日命懸けで頑張って十年単位でもって初めて人間は成長するんだ。十年で一歩、二十年で一歩というようにして成長していく。今日やって明日わかるものでもなければ、一年経てばわかるものでもない。そう簡単に成果が出るものとは違うし、ただ漫然とやっていたらいつまで経ってもなんの効果もない。いい加減な坐禅をやっていては十年経っても一歩も進歩はない。命懸けでやって初めて十年単位でわかるんだぞ」

坐禅というのは格好だけ見れば特殊ですが、「坐る」ということは誰もが日常的にやっていることです。しかし、毎日椅子に座っているからといって、人間の精神レベルが上がるかといえば決してそんなことはありません。では、坐禅とどこがどう違うのでしょうか。それはただ一つ、心の持ち方が違うのです。心の持ち方次第で精神レベルが上がるか上がらないかが決まってきます。だから、たとえ坐禅の格好をしていたとしても、ただ坐っているだけでは何も意味をなさないのです。

師僧からこの言葉を聞いたとき、私はまだ二十代前半の若さでしたから、その意味を十分に理解することはできませんでした。それどころか、「こんな辛い思いをするぐらいなら、もっと他に簡単に成長する方法があるだろう」と思っていました。

しかしその後、十二年籠山の修行を始めてみて、ようやく師僧の言葉は正しかったと気づきました。人間というのは、どれだけ頑張っても、それを十年、二十年の単位で続けなくては成長するのは難しい。それを自らの身をもって実感しました。

これは千日回峰行でも同じです。ただ歩くだけでは何もつかめません。「千日歩くというと三年ぐらいか」と思っておられる方もいるかもしれません。それは間違いです。千日回峰行は七年かけて千日を歩く厳しい行です。

最初の三年は年に百日ずつ、四年目と五年目は二百日ずつ、九日間の堂入りを挟んで六年目は百日、七年目に二百日。漫然と歩いているのでは続きません。七年間、必死の思いを持ち続けなければ決して満行できません。歩かない間も緊張感を切らしてはならないのです。

一年の行が終わったからといって気を抜けば、次の年は歩けません。気持ちを切らさずにさらに鍛錬《たんれん》を繰り返していかなければ、いざ歩こうとしても足が出なくなってしまうのです。

行というものが心の持ち方次第というのは、そういうことでもあります。心を込めて一日一日と続け、その気持ちを十年単位で持ち続ける。それによって少し成長した自分に気づくことができるのです。

私は大学浪人中に宗教に興味を持ち、お坊さんになりたいと思うようになりました。また、いろいろな仏教の経典を読む中で伝教大師の開いた天台宗に惹《ひ》かれ、なんのご縁もないにもかかわらず、着の身着のままといってもいいような格好で比叡山に上りました。

運よく師僧に小僧見習いとして面倒を見ていただいたものの、そこからの道のりは決してなだらかなものではありませんでした。僧侶になるまでに五年、好相行では死の淵を覗くような体験もしました。最終的には二十九歳から四十九歳まで二十年間も山に籠ることになりました。

私は高校までは普通の生活をしていましたから、世俗の楽しみも知らないわけではありません。それを断ち切って比叡山に入り、世俗から完全に隔絶された二十年間を過ごしました。世間の見方からすれば「そんな生活をして退屈ではなかったの?」といわれそうですが、生涯を通じてこの二十年間ほど幸せに感じたことはありません。そして後悔したことは何一つありません。

これから、私が比叡山に上ろうと考えた理由、行を通じて体験したこと、身につけたことなどをお話ししていきたいと思います。天台宗の住職でさえ知らない人がいるのですから、一般の方々で十二年籠山行をご存じの方はほとんどおられないだろうと思います。実際のところ、千日回峰行は酒井雄哉阿闍梨《さかいゆうさいあじゃり》の二度目の満行がマスコミで大きく報じられるなどしたため志願者が次々に現われていますが、先にも述べたように十二年籠山行に挑もうという人はほとんどいなくなってきています。

行をする人がなくなれば、伝教大師に始まる大事な伝統が途絶えてしまいます。ですから、ぜひ後継者が現われてほしいという願いも込めて、私がなぜこのような行に挑もうと思ったのか、そして挑んだ結果、何を得たのかについてお話ししてみたいのです。

同時に、私の体験を語ることで、世間に暮らす皆様方に何か一つでも人生の指針となるもの、生きる上で役に立つ智恵を見出していただければと思うのです。

◆コラム1　最澄上人はなぜ比叡山に延暦寺を建てたのか

比叡山には、平安時代初期に伝教大師最澄上人によって中国から日本に伝えられた日本天台宗の総本山・延暦寺があります。天台宗というのは、中国の隋《ずい》の時代に天台大師智顗《ちぎ》が現在の浙江省《せっこうしょう》にある天台山で修行されて開いたものです。日本では比叡山、最澄と合わせて有名になりました。

中国の天台山には私も訪れたことがありますが、谷が深く水墨画のような幽玄《ゆうげん》さを感じました。一方、比叡山にも十六の谷があり、天台山に負けない幽玄さです。新琵琶湖八景の一つにも数えられ、長年ここに住まう私でも思わず見とれてしまうような素晴らしい景色にたびたび出会います。とくに雨上がりに出る煙のような霧があたりを覆《おお》い尽くすのを見ると、本当に美しいと思います。地理的には町からはそれほど離れていないのですが、まるで大自然の中にいるような感覚すらあります。

天台大師が、禅をやるときの一番いい環境について『摩訶止観《まかしかん》』という書物に書いています。それによると、山奥過ぎると生活に不自由な部分が出てくるし、町に近すぎると俗世間に染まってしまう、とあります。そう考えると、この比叡山は都の京都から近からず遠からず、ちょうどいい距離感にあるように思います。

この比叡山に延暦寺を開き、日本天台宗の宗祖となった最澄上人は、神護景雲《しんごけいうん》二（七六八）年に近江国（今の滋賀県）で生まれたといわれます。幼少時より記憶力に優れ、わずか十二歳で出家して近江国分寺《こくぶんじ》に入り、国師《こくし》行表《ぎょうひょう》という高僧に仕えて修行を積みました。そして十四歳のとき、行表のもとで補欠の僧侶として得度《とくど》します。

その後、奈良の都に出て勉強をし、十九歳のときに東大寺戒壇院《かいだんいん》で受戒して一人前のお坊さんになります。しかし、当時の奈良の南都仏教は乱れた政治と癒《ゆ》着《ちゃく》して堕落していきました。最澄上人はそれを見て、なんとかしなければという思いで近江に帰ってきますが、近江国分寺はすでに焼け落ちてなくなっていました。

そこで、上人は修行のために比叡山に入ります。そこがたまたま『摩訶止観』に書かれている禅をやる最善の環境であったということに最澄は気づいたのでしょう。都に近すぎると堕落してしまうということを上人はわが目で見てきましたから、都から近からず遠からずの距離にある比叡山はまさに絶好の環境であったということなのだと思います。

平安時代に開かれた宗教は、天台宗だけでなく、空海の密教も含めて山岳仏教になっていきます。これは奈良仏教が都にあって堕落していったことの反動と考えていいと思います。

第二章

私を行に向かわせたもの

◉徳を積むことに一生を費やしたい

私は昭和三十五年の生まれで、戦争を知らない戦後世代です。両親たちの世代は戦争で国土を壊《こわ》されたため、日本の復興に向けて、とくに経済の発展のために身を粉にして働いていました。それが昭和三十年頃から始まる高度成長期につながり、日本は急速に経済成長を遂げていきました。その当時は働けば働くほど給料が上がるような時代で、増えたお金でクーラーを買ったり、冷蔵庫を買ったり、車を買ったり、あるいは家を買ったりしました。

物質的には年々裕福になっていきましたが、その一方で家庭での教育はしつけも含めてうるさくいわれなくなりました。そんな私たちの世代が親になって育てた子供たちは、今、大学生や社会人になっています。自ら厳しくしつけられなかったせいで、子供に対して厳しいしつけをしてきた親は少ないように思います。それが負の部分となって、家庭内の、あるいは社会的な諸問題を引き起こしているように感じることがあります。

私の家は特別裕福というわけではなく、普通の中流家庭でした。両親が共働きでしたから、中の下ぐらいの感じだったかもしれません。他の家庭と同様、それほど厳しくしつけられたわけではありませんでしたが、両親が働きに行きますから、小さな頃から自分のことは自分でやらなければならないという環境に置かれました。その分、いくらか独立心が旺盛であったかもしれません。

私は高校を卒業するまでは普通に学校生活を送っていました。けれども、大学受験に躓《つまず》いて、浪人生活に入りました。浪人になると時間がたくさんあります。勉強していく上でも自分の欠点がわからなければいけないと思った私は、ありあまる時間を使って自らを省みました。それとともに、人の生き方について考えたり、日本社会にとって足りないものはなんだろうかなどと考えました。

その結果、今いったような、しつけも含めた人間の根源にかかわる精神的・道徳的な部分が戦後の日本社会には欠けているように思いました。そして、それを取り戻さなくてはいけないと感じ、一生のテーマにしていきたいと思うようになりました。

私は東大に入れるほど賢くはありませんでしたが、頑張ればどこかの大学には入れたでしょう。また、当時は就職難でもなかったので、大学を出ればそこそこの会社に就職できたように思います。そして普通にサラリーマンになれば、食べていくのに何も支障はなかったでしょう。高度経済成長を経て日本は世界有数の裕福な国になりましたから、自分の生活だけを考えれば何も問題はなかったはずです。

しかし、そう思うところに問題があるのではないか、と私は考えました。

それとともに、私は自分の頑固な性格などを省みるうちに、自分には徳が足りないのではないかと思いました。頭の良し悪しとか、お金のあるなしといったことは、ある意味では徳のもたらすものだと思ったのです。人間の徳にはいろいろありますが、自分にはそうした徳が決して多いわけではないと感じたのです。

このように自己分析をした私は、「大学を出てサラリーマンになるという生き方とは違う人生を歩んでみたい、自分の一生を徳を積むことに費やして生きてみたい」と考えるようになりました。

徳を積むということで、まず思い浮かんだのは宗教の世界、それもキリスト教でした。私の故郷は北海道の室蘭《むろらん》です。ご存じのように北海道は明治からの文化ですから、実家の周辺にも神社仏閣より教会のほうがたくさんありました。そのため、教会へ行くこともあり、キリスト教はもっとも身近にある宗教でした。また、読書が好きだった私はゲーテの『ファウスト』やダンテの『神曲』を読んでキリスト教の世界に憧れを抱きました。どちらも死後の世界も扱ったスケールの大きなストーリーであり、愛によって救われる結末が印象的でした。

私は、教会の牧師さん、宣教師さんにお話を聞きに行きました。そこで宗教というのは信仰が大きな問題になることを知りました。ある宣教師さんはまだ二十代前半の方でしたが、人生に悩みがあって思い悩んだ末に入水《じゅすい》自殺を図ったそうです。しかし一命を取り留め、それがきっかけでキリスト教の世界に入ったというのです。「こういった人生の一大事がなければ、なかなか信仰の世界に身を投じるのは難しいものですよ」とその方はいわれました。単にキリスト教の勉強をして知識を身につければいいというものではないというのです。

信仰という言葉に私は引っ掛かりを感じました。私の家は両親がクリスチャンであるわけではないし、私自身も教会に行ったことがあるとはいえ、熱心に通っていたわけではありません。ですから、信仰といわれるとどうなのか、と考えてしまいました。

もっと間口が広くて多方面から入れる宗教はないだろうかと思ったとき、仏教が浮かびました。早速、仏教のいろいろな経典を読んでみると、キリスト教に比べて入りやすいように感じ、どんどん惹かれていきました。その結果、最終的にこの道に入ることを決意したのです。

私はまだ十九歳でしたが、哲学書が好きでよく読んでいました。人生を探求してみたいという資質的な部分がもともとあったように思います。それに加えて、自らを省みて徳が足りないという実感を抱いたことが、私を仏教の道へと進ませる大きな要因になったのです。

◉伝教大師の『願文』に書かれた無常観に感銘する

仏教のいろいろな経典を読んでいく中で一番に興味を惹かれたのが天台宗でした。私が読んだのは『摩訶止観』という書物で、これは日本の天台宗のもとになった中国天台の天台大師智顗《ちぎ》（智者大師）が説いたものです。中身は坐禅の指南書ですが、文章は格調高く、哲学的で、大変感銘を受けました。私は、この本を一生かけて研究していくのも面白いと思いましたが、ここに書かれていることを実践できたらもっと素晴らしいだろうと思いました。

天台宗に惹かれたもっとも大きな理由は、日本天台宗の開祖である伝教大師《でんぎょうだいし》最澄《さいちょう》上人《しょうにん》が十九歳で比叡山に修行のために入ったときに書いた『願文《がんもん》』に感銘を受けたことです。この『願文』は修行に対する誓いを書いたものですが、こんなに澄んだ人間がこの世にいたのかと思うぐらい、非常に澄み切った素晴らしい文章なのです。それを読んだのは二十歳を過ぎた頃でしたが、自分も是非この

『願文』に書かれた精神が源にある場所で学んでみたいと思い、比叡山に行きたいと考えるようになったのです。

とくに私が伝教大師の『願文』に惹かれたのは、最初に出てくる仏教の無常観について触れた箇所でした。

「悠々《ゆうゆう》たる三界《さんがい》は、純《もっぱ》ら苦にして安きこと無く、
擾々《じょうじょう》たる四生《ししょう》は、唯《た》だ患《うれい》にして楽《たのし》からず。
牟尼《むに》の日久しく隠れて、慈尊《じそん》の月未《いま》だ照らさず。
三災の危《あやう》きに近づき、五濁《ごじょく》の深きに没《しず》む。
加以《しかのみなら》ず、
風命《ふうみょう》保ち難く、露体《ろたい》消え易し。
草堂《そうどう》楽しみ無しと雖《いえど》も、然《しか》も老少《ろうしょう》白骨《びゃくこつ》を散じ曝《さら》し、
土室《どしつ》闇《くら》く迮《せま》しと雖も、而《しか》も貴賤《きせん》魂魄《こんぱく》を争い宿す。……」

自分自身もどこかでそうした無常観を感じていたためでしょうか、私はこの文章に深く感銘を受けました。逆にいうと、そういう気持ちがあったところに読んだので惹かれたのだろうと思います。

伝教大師の『願文』にある無常観について他の人に聞くと、そんなふうには感じないという意見が大半でした。私の読み方は例外的なのだろうかと思ったこともありました。それほど強く私はここに書かれた無常観を身近なものに感じたのです。

仏教の無常観は虚無感とは違うものです。私は仏教に惹かれる前にドイツの哲学者ショーペンハウアーに惹かれました。彼は虚無思想の持ち主で、のちに彼の弟子は虚無感に襲われて自殺をしています。人間の心の弱さというのは、虚無的になると自殺を考えるほうに向かいがちですが、それは仏教にはありません。

お釈迦《しゃか》様は生老病死を含めてこの世の一切は苦である、諸行無常であるといいました。しかし、それは虚無感で力がなくなるような生き方を指しているのではありません。力がなくなるどころか、お釈迦様自身がそうであったように、生き生きと生きるというほうに確実に向かっていきます。そういう力強い生き方が昔の高僧にはありました。そして、その力強さは仏教の根底を流れる無常観に支えられていたのではないかと思うのです。

では、なぜ苦しみが力強さに変わっていくのでしょうか。それは何も持たないことの強さによるのです。

今は裕福な時代ですから、皆、たくさんの物を持っています。ところが、お坊さんは物を持ちません。むしろ捨てていきます。捨てるのは心の中の煩悩も含めてのことですが、要するに執着を捨てていくのです。人間は執着がなくなると力強さが出てきます。逆に、執着する人間は弱くなるのです。

わかりやすい例でいうと、愛する人が亡くなると普通の人は悲しみに包まれます。それは、その人に対する愛着が強いからでしょう。愛とは執着なのです。亡くなった人への執着を捨てられないがために悲しいのです。それは人間としての自然な感情ですが、いつまでもそれにとらわれていては前に進むことはできないでしょう。

キリスト教は愛という言葉を使いますが、仏教はそれを執着と見なすがゆえに愛という言葉は使いません。その代わりに慈悲という言葉を使って、キリスト教の愛を表現しています。

戦後、初めて千日回峰行を満行した葉上照澄阿闍梨《はがみしょうちょうあじゃり》という方は東京大学の出身で、大正大学の教授をされていました。この方は子供の頃から虚弱体質で、三十歳まで生きられないだろうと医者からいわれていたそうです。その方が千日回峰行を終えたあと、自らの足跡を振り返って「自分は昔、非常に体が弱かった。けれども千日回峰行に入っていった。人間というのはどんなに体が弱くても一つの目標を持って命懸けでやれば必ず体はついていく。だから、自分も三十まで生きられないだろうといわれたのに千日満行することができた」と語っています。

同時に「精神的にも肉体的にも、弱いということは悪だな」といっています。弱さゆえに多くの人に迷惑をかけ、自分自身も人生を投げ出してしまいそうな気持ちになったというのです。当人はその弱さを克服したくて行に入り、千日回峰を満行して克服できたと感じられたようです。

こうした弱さも執着から来るものです。命を大切にしたいと思うことが執着につながるのです。だから、執着を捨てると強さが出てくるのです。そして執着を捨てるためには、すべては無常であり、常に変化し、誰もそこから逃げられないことを知り、それゆえに何かを所有しようとするのは間違いであると認める。それが仏教の考え方です。

◎『願文』全文

悠々《ゆうゆう》たる三界《さんがい》は、純《もっぱ》ら苦《く》にして安きこと無く、
擾々《じょうじょう》たる四生《ししょう》は、唯《た》だ患《うれい》にして楽《たのし》からず。
牟尼《むに》の日久しく隠れて、慈尊《じそん》の月未《いま》だ照らさず。
三災《さんさい》の危《あや》うきに近づき、五濁《ごじょく》の深きに没《しず》む。
加以《しかのみならず》、
風命《ふうみょう》保ち難く、露体《ろたい》消え易し。

草堂楽しみ無しと雖《いえど》も、然《しか》も老少《ろうしょう》白骨《びゃくこつ》を散じ曝《さら》し、
土室《どしつ》闇《くら》く迮《せま》しと雖も、而《しか》も貴賤魂魄《きせんこんぱく》を争い宿す。
彼を瞻《み》、己れを省《かえり》みるに、此の理《ことわり》必定《ひつじょう》せり。
仙丸《せんがん》未だ服せざれば、遊魂《ゆうこん》留めがたく、
命通《みょうつう》未だ得ざれば、死辰《ししん》何《いつ》とか定めん。
生ける時善を作《な》さずんば、死する日獄《ごく》の薪《たきぎ》とならん。
得難くして移り易きは其《そ》れ人身《にんしん》なり。
発《おこ》し難くして忘れ易きは斯《こ》れ善心《ぜんしん》なり。
是《ここ》を以《もっ》て
法皇牟尼《ほうおうむに》は、大海の針、妙高の線《いと》を仮りて、人身の得難きを喩況《ゆきょう》し、
古賢禹王《こけんうおう》は一寸の陰《とき》、半寸の暇を惜《お》しみて、一生の空しく過ぐるを歎勧《たんがん》せり。
因無くして果を得るは、是の処《ことわり》有ること無く、
善無くして苦を免るは、是の処有ること無し。
伏して己が行迹《ぎょうしゃく》を尋ね思うに、

無戒にして竊《ひそ》かに四事《しじ》の労りを受け、
愚痴にしてまた四生《ししょう》の怨《あだ》となる。
是の故に未曾有因縁経《みぞういんねんぎょう》に云《い》わく、
施す者は天に生まれ、
受くる者は獄に入《い》ると。
提韋女人《だいいにょにん》の四事の供《く》は末利夫人《まりぶにん》の福と表れ、
貪著《とんぢゃく》利養《りよう》の五衆の果《か》は石女擔輿《しゃくにょたんよ》の罪と顕《あらわ》る。
明らかなる哉《かな》善悪の因果、誰《たれ》か有慙《うざん》の人《にん》にして此の典《のり》を信ぜざらんや。
然れば則ち、
苦の因を知りて、苦の果を畏れざるを、釈尊は闡提《せんだい》と遮《しゃ》したまい、
人身を得て徒《いたずら》に善業《ぜんごう》を作《な》さざるを聖教《しょうぎょう》には空手《くうしゅ》と嘖《せ》めたまう。
是に於て
愚《ぐ》が中《なか》の極愚《ごくぐ》、狂《きょう》が中《なか》の極狂《ごくきょう》、塵禿《じんとく》の有情《うじょう》、底下《ていげ》の㝡澄《さいちょう》、
上《かみ》は諸仏に違《たが》い、中は皇法《おうぼう》に背き、下《しも》は孝礼を欠けり。

謹《つつし》みて迷狂《めいきょう》の心に随い三二《さんに》の願《がん》を発《おこ》す。
無所得をもって方便と為し、無上第一義の為に金剛不壊不退《こんごうふえふたい》の心願を発《おこ》す。
我れ未だ六根相似《ろっこんそうじ》の位《くらい》を得ざるより以還《このかた》、出仮《しゅっけ》せじ。
未だ理を照らす心を得ざるより以還、才芸《さいげい》あらじ。
未だ浄戒《じょうかい》を具足することを得ざるより以還、檀主《だんしゅ》の法会《ほうえ》に預《あず》からじ。
未だ般若の心を得ざるより以還、世間の人事の縁務《えんむ》に著《つ》かじ、相似《そうじ》の位《くらい》を除く。
三際《さんさい》の中間《ちゅうげん》に修《しゅ》する所の功徳は、独り己が身に受けず、
普《あまね》く有識《うしき》に回施《えせ》して、悉《ことごと》く皆無上菩提《むじょうぼだい》を得せしめん。
伏して願わくは、
解脱の味《あじ》独《ひと》り飲まず、安楽の果《か》独り証せず。
法界の衆生《しゅじょう》と同じく妙覚《みょうがく》に登り、
法界の衆生と同じく妙味を服せん。
若《も》し此の願力に依りて六根相似《ろっこんそうじ》の位に至り、若《も》し五神通《ごじんづう》を得ん時は、
必ず自度《じど》を取らず、正位を証せず、一切に著《ぢゃく》せざらん。

願わくは、必ず今生《こんじょう》無作無縁《むさむえん》の四弘誓願《しぐせいがん》に引導せられて、
周《あまね》く法界を旋《めぐ》り、遍《あまね》く六道《ろくどう》に入《い》り、
仏国土を浄《きよ》め、衆生《しゅじょう》を成就し、
未来際《みらいざい》を尽くして恒《つね》に仏事《ぶつじ》を作《な》さん。

◉私が修行の道に入った二つの理由

私が弟子になる前に堀澤祖門師と初めて面会したとき、修行を熱望する私に対して師匠は「なぜそんなに急ぐんだ」と尋ねました。そのときに私が「自分の中に無常観がある、一寸先は闇で何時死が訪れるかわからない、それに対して自分の精神的なレベルをもっと上げていきたい」と答えました。

自分の寿命はいつまであるかわからない。これはどの人でも同じですが、そういう中で何かを摑んで少しでも精神レベルを上げようと思ったら、すぐにでも修行に向かわざるを得ないと思ったのです。

『願文』を読めば、伝教大師にしてもそうだったに違いないと思います。大師の頃は人生五十年の時代でした。大師自身、五十六歳で亡くなっていますし、空海も六十ちょっとで亡くなっています。そんな時代にあって、自分の人生をしっかり見つめ、その間にどれだけのことができるかと大師は考えたのです。

一例を挙げれば、一乗止観院《いちじょうしかんいん》の建立があります。伝教大師は十九歳で比叡山に入り、入唐するのが三十歳を少し過ぎた頃ですが、それまでの間に一乗止観院を建てています。しかも天皇も含めて多くの帰依者《きえしゃ》が出ました。二十代の若さでそれだけの大業をやり遂げるほどの力があったのです。そのすごさは自分の二十代、三十代を振り返るまでもありません。

今であれば一乗止観院ほどの大きなお堂を建てるには数百億かかります。それを二十代で建てるのがどれほど大変なことか。どれだけの人脈があったのかと思うと、あらためてすごいものだと感じます。大師の功績を数え上げれば、わずか五十六年の生涯にこれだけのことをやったのかと驚かざるを得ません。

それほど濃縮された生き方ができたのは、常に自分の人生がいつ終わるかわからないという無常観が根底にあったからだと思うのです。この短い間に自分が何をしなければいけないかと考えると、一分一秒も無駄にはできないのです。世の中には人生が百年もあるかのようにのんびりと過ごしている人もいますが、大成した人というのは例外なく、寝る間も惜しんで一つのことに打ち込んでいます。

私自身、一分一秒を惜しんで自分を懸けて精神のレベルを上げなくてはいけないという気持ちを抱いていました。だから、なんとしてもお坊さんになりたかったのです。僧侶になって修行の道に入ることを、私はまさに渇望していたのです。

それからもう一つ、私が仏教への関心を深めた出来事があります。

大学受験に失敗した私は、京都大学で物理学を勉強したいと思って浪人生活を送っていました。あるとき雑誌にノーベル賞を受賞された湯川秀樹博士の対談が掲載されているのを目にしました。細かい文章は忘れてしまいましたが、かいつまんでいうと「学問というのはやっていけばやっていくほど偏見が出てくる。それを打破しようと思ってさらに研究を進めていくのだ」といった内容が書かれていました。それを読んだとき、ふと学問に対して限界を感じて、自分自身の熱が冷めるようなところがあったのです。

そして、学問が偏見を伴うようなものならば、同じ真理を追求するのでも物理学よりも広い真理を追求する勉強をしてみたいと思いました。それがちょうど仏教に惹かれ出した頃でしたから、宗教と広大な真理という部分が共鳴し合って、物理学より宗教のほうが面白いんじゃないかと思うようになったのです。

先にお話ししたように、その前段階として哲学にも惹かれていて、哲学者を目指そうかと思った時期もありますが、哲学では人々を救えないのではないかと思いました。やはり救いはあるほうがいいと思い、宗教に興味が移っていくことになりました。

ただし、哲学に触発されて宗教に興味を持ったという部分もあります。『摩訶止観』とともに私が仏教に興味に惹かれるきっかけとなったのは、先に名前を挙げたショーペンハウアーの『意志と表象としての世界』でした。この中に「自分の心にある世界が現象として現われる」という言葉を見つけました。私は「客観的に目に見えるものはそれ自体で存在している」と思っていたため、ショーペンハウアーの考え方に非常に感動しました。

今でもそうでしょうが、私が青少年時代を送った頃の日本は欧米社会の強い影響を受けていました。とくにアメリカの影響を受けて、どちらかというと唯物的な考え方が広まっていました。そういう中で唯心的なものに初めて触れたのがショーペンハウアーの『意志と表象としての世界』だったのです。

晩年のショーペンハウアーはインドのヴェーダの考え方に惹かれていました。それで私もインドのヴェーダから仏教へと入っていきました。その意味では、ショーペンハウアーの哲学が私を仏教の世界に導いたといっても過言ではないと思うのです。

◉家出同然の比叡山行き

こうして私は大学受験から進路を変更してお坊さんになることを考えるようになりました。しかし、現実には簡単に事が進んだわけではありません。お坊さんになるには自分の師匠を見つけて弟子入りするという形をとらなければならないからです。

ところが、私の実家は分家ですし、月参りでお寺さんが来るわけでもありません。天台宗はおろか、仏教と何も縁がないという状態でした。それなのに比叡山にやって来たのです。しかも、家出同然に飛び出してきてしまいました。

両親には「比叡山に行って修行をして立派な坊さんになりたい」と話しましたが、なかなか理解は得られませんでした。私が自分の好きな道に進むことに異存はないけれど、お坊さんになって生活できるのかどうかが心配だったのです。

ご存じのように比叡山は修行の山で一般の葬式はやりません。私自身、葬式仏教のお坊さんになるつもりはなく、精神的な修行をするために比叡山に入りたいと思っていました。しかし、両親にしてみれば「葬式をしないでどうして食べていくんだ」ということになります。とくに北海道ではお坊さんイコール葬式という印象が強かったため、葬式をやらない僧侶などは考えられなかったのです。

両親は私の高校受験のときも、大学受験に失敗して浪人するときも、すべて私に任せてくれていました。言い出したら聞かない性分を知ってのことでしょうが、根本的には私を信頼してくれていたと思います。しかし、その両親にして「坊さんになりたい」といったときは反対したのです。いろいろ説得を試みたのですが、どうしても理解は得られませんでした。

そのため最後は「修行に出てまいります」と書き置きをして家を出ました。二十二歳のときでした。私としては必死の覚悟で、もう家には帰らないという決意を抱いて、比叡山までの片道分だけの旅費を持って家を出たのです。

◉師僧・堀澤祖門師との出逢い

比叡山に辿り着くと、総本堂である根本中堂でお薬師さん（延暦寺の本尊である薬師如来）にお願いをいたしました。それから延暦寺事務所を訪ねて「お坊さんになりたいのです」と直訴しました。

ところが、昭和ももう終わり頃になりますと、さすがに江戸や明治の頃とは違います。仏門を求めてきた者を誰でも「はい、そうですか」と受け入れるわけにはいかないのです。先に申し上げたように、お寺の住職の紹介状がないと受け入れるわけにはいかない、という時代でした。

そういうわけで、普通であれば追い返されるところでしたが、運よく話を聞いてやろうといわれました。そこで坐禅に興味があると打ち明けると、「それならば」と、当時居士林（比叡山の西塔にある在家のための研修道場）の所長で、比叡山で一番坐禅に詳しいといわれる、のちの私の師僧・堀澤祖門師《ほりさわそもんし》を紹介していただきました。

私は堀澤師のもとにうかがって、お坊さんになりたくて比叡山にやってきたこと、坐禅に大変興味があること、将来は十二年籠山行をしたいことなどを話しました。すると私の話を聞いていた堀澤師は「四十分ほど一緒に坐禅をしようか」といい、ともに坐禅を組むことになりました。そしてそのあと、浄土院の侍真職をしておられた高川慈照師のところに私を連れて行ってくれました。高川師は当時、籠山三年目の行中でした。私は高川師にお坊さんについて、十二年籠山行や仏教について、納得いくまで話を聞かせていただきました。

後日知ったことですが、堀澤師は私を高川師の弟子にしてはどうかと思っていたようです。しかし高川師から「あんなに喋る男はいやだ」と断られたそうです。そのときの私は事情がまったくわかりませんでしたから、明け方になるまで十時間も根掘り葉掘り話を聞いたのです。高川師はそれを嫌われたようでした。

すると堀澤師は次に千日回峰行を満行され、二千日に向けて行をされている最中の酒井《さかい》雄哉《ゆうさい》阿闍梨《あじゃり》を紹介してくれました。このときは堀澤師から「弟子入り希望で会いに行きなさい」といわれたため、私もその心積もりで会いに行きましたが、あっさりと断られてしまいました。

酒井阿闍梨は世間で大変苦労をして、四十歳を過ぎてからお坊さんになられた方です。そのため、「一度社会に出て苦労した人でなければ弟子にしない」という信念を持っておられました。だから私にも「一度社会に出て働いて、三十歳過ぎてそれでもお坊さんになりたければ、また来なさい」といいました。もっともな考えだと思いましたが、私としては一分一秒も惜しいという気持ちですから、その言葉を受け入れることはできませんでした。

酒井阿闍梨にお会いしたあと、私は堀澤師のところへ戻って事情を報告しました。すると、幸いにも「それならしばらく様子を見てあげようか」といっていただき、小僧見習いとして堀澤師の自坊（お寺）に置いてもらえることになったのです。

「世間でも一宿一飯の恩義というのがある。ご飯は食べさせてあげるから、かわりに草刈りでも掃除でもなんでもやってしっかり働きなさい」

と堀澤師はいいました。その言葉に従って、私は朝から晩まで一所懸命働きました。その傍ら、お経の読み方や坐禅の仕方、寺のいろいろな作法を教えてもらうという日々を送りました。

しかし、一か月ぐらい過ぎた頃、不安が頭をよぎりました。「ご飯は毎日食べられるけれど、この先、本当にお坊さんになれるのだろうか」と。そこで意を決して「私はお坊さんになりたいのです。いつになったらなれるのですか」と師に聞きました。すると師は「そういう心構えではここに置いておくことはできん。

今すぐ出ていけ！」といわれました。突然そんなことをいわれたものですから、私はうろたえました。どういうことか理由がわからず、「なぜですか？」と聞きましたが、「今のお前にはいってもわからないだろう」といわれ、教えてもらえませんでした。こうして私は、比叡山から追い出されてしまったのです。

なぜ追い出されてしまったのか。そのときは何が悪かったのかまったく見当がつかなかったのですが、この世界に入ってみて、お坊さんの考え方というのは世間とは非常に違っていることがわかりました。当時の私は、まだまだ世間の考え方しかできていなかったのです。在家の考えで「こうすればお坊さんになれるはず」という欲が勝っていたのです。それでは坊さんになっても意味がないと堀澤師はお考えになったのだと思います。

こうして堀澤師のもとから追い出されてしまった私は、残り少なくなっていた手持ちのお金で電車に乗り、奈良の吉野に向かいました。一度、吉野山から大峯山のほうを巡ってみたいと思っていたのです。季節はもう秋の終わりの頃でした。吉野まで行ってはみたものの、大峯山といえば千七百メートル以上の高い山ですから、寒くてしかたありません。荷物といえば「お前、夜逃げしてきたのか」といわれたほどで、洗面道具と簡単な下着しか持っておらず、重ね着するような服もありませんでした。

そのうち雨まで降り出しました。私は山に入って一人でじっくり自分を見直そうと思っていたのですが、それどころではありません。そこでひとまず近くの旅館にアルバイトとして雇ってくれるように頼み込み、住み込みで働くことにしました。その後、奈良市内の印刷会社でもアルバイトをし、貯めたお金でテントとリュックサックと食料を買って、翌年の五月にあらためて大峯山に入りました。

一か月ほど山に籠もって坐禅をしたりお経を読みながら自分の身の振り方を考えました。そして出た結論は「仏道修行をするためには、どうしても師僧について仏教の基本的な作法や教えを勉強する必要がある。やっぱり独学ではどうにもならない」というものでした。

◉正式に入門を許される

大峯山から下山したあと、私は堀澤師に連絡をし、正式にお坊さんの修行をしたいとお願いをしました。すると師は、私の願いをあっさり認めてくれました。どうやら師は師で思うところがあったようです。

ご存じのように比叡山というのは江戸時代まで女人禁制の山でした。その伝統を引き継いで、伝教大師をお祀りしている浄土院には今でも女性が入ることは許されておりません。浄土院の管理は十二年籠山修行中である侍真がしていますが、お寺の掃除や侍真の食事のしたくは近年まで寺男がしていました。

しかし、昭和が終わる頃になると寺男のなり手がいなくなりました。その当時、最後に残った六十歳を越えて七十歳近かった人が辞めることになり、寺側も困っていました。そういうときに私が再入門のお伺いを立てたわけです。

堀澤師は私にいいました。

「浄土院というところで今、寺男がいなくて困っている。その仕事でいいんだったら、お前、そこで小僧見習いをやってみるか」

私は二つ返事で「お願いします」といって頭を下げました。そういうわけで私は、今度は浄土院に小僧見習いという形で入ることになったのです。


比叡山は大きく三つのエリアに分かれます。総本堂である根本《こんぽん》中堂を中心とした東塔エリア、釈迦堂を中心とした西塔エリア、横川《よかわ》中堂を中心とした横川エリアです。そして浄土院はちょうど東塔と西塔の中間地点にあります。

浄土院での私の一日は、朝三時半に起床して門を開けるところから始まりました。開門したら、四時から一時間の坐禅、朝の食事作り、境内掃除、昼の食事作り、一キロにもわたる参道の掃除と続き、夕方四時からまた一時間の坐禅、晩の食事作り、閉門、掃除で終わるというのが、私の日課でした。

私は浄土院の小僧見習いとして日課をこなしながら、いつか小僧になれる日が来ると信じて待っていました。しかし、正式なお坊さんになるには師僧が決まらなければ始まりません。比叡山には七十人ほどの住職がいます。浄土院での小僧見習いの生活が続く中、たくさんのお坊さんに出会いましたが、誰一人として弟子にしてやろうと声を掛けてくれる人はいませんでした。

あるとき、横川の住職で寺の跡取りがおらず、後継者を探している方がいるという話が堀澤師の耳に入り、その方に私を紹介してくれました。しかし、横川の住職は元三慈恵《がんざんじえ》大師への信仰が非常に篤く、人生の一大事を決める際には、おみくじの元祖である元三大師にあやかって、おみくじを引いて決めるという慣習があるのです。早速、跡取りの件でその住職がおみくじを引いたのですが、私には元三大師とのご縁がないということで、この話は打ち切りになってしまいました。

浄土院での生活が一年近く経った頃、私は小僧見習いに加えて仏教学の勉強をさせていただきたいと思い、堀澤師に相談しました。その結果、比叡山の麓《ふもと》にある天台宗の僧侶の専門学校である叡山学院に通わせていただくことになりました。そして学院に通い始めて半年が経った頃、私はもう一度堀澤師に弟子入りをお願いしました。師はたくさんの弟子を抱えておりましたので、「だめだ」といって首を縦に振ってくれませんでした。けれども、私の必死の様子を見、また浄土院で一所懸命働いているのを鑑みて、最後には「弟子にとってやろう」と承諾してくださいました。

これでようやく師僧が決まり、お坊さんへの道が開けることになりました。ただし、堀澤師は得度受戒の前提として次のようなことをいわれました。

「お釈迦様の時代から出家得度する者は両親の許可をいただく必要がある。ご両親に許可をいただき、得度式にも出席していただきなさい」

両親を説得できずに家出してきたものですから、どうしたものかと思案しました。しかし、連絡しなければお坊さんにはなれないのです。私は思い切って連絡を取りました。すると「それほどお前がお坊さんになりたいというのなら」と、両親は意外にもあっさりと承諾してくれました。

こうして昭和五十九年九月九日、比叡山の麓にある堀澤師のお寺に両親と姉に集まってもらい、得度受戒の儀式を行ないました。これによって私は晴れて天台宗の僧侶となることができました。

◉両親に今生の別れを告げる

念願のお坊さんとなった私は一日も早く十二年籠山行に入りたいと思いました。しかし、そのためにはクリアしなければならない条件がありました。

比叡山での僧侶の修行には大きく分けて三つあります。一つは僧侶としての基本的な作法を習得するための比叡山行院での六十日間の籠山修行、二つ目は延暦寺一山の住職になるために必要な三年間の籠山修行（本山交衆制度）、そして三つ目は比叡山の住職になったあと、さらに修行をしようという者のための伝教大師が定めた十二年間の籠山修行です。

このうち、比叡山行院に入るためには高卒の学歴が必要であり、三年籠山行と十二年籠山行に入るためには大卒あるいは同程度の学力を有していなければならないと決められています。

私が叡山学院に通っていた頃は、本科、研究科、専修科の三つのコースがあり、それぞれ二年間かけて修学することになっていました。それとは別に本科特修と研究科特修という二つのコースがあり、こちらはそれぞれ一年間の修学を要しました。本科、研究科は大学でいえば学部に当たり、専修科は大学院修士課程に当たります。また、本科、研究科で四年間を学ぶ者は専修学校である叡山学院の単位に加え、京都佛教大学の通信教育課程を履修《りしゅう》することが必修とされていて、研究科卒業と同時に大学も卒業することになっていました。

十二年籠山行を希望していた私は、まずこの叡山学院で大卒の学歴を得る必要がありました。

私は本科、研究科の四年間のうち、先に述べた通り、最初の一年は小僧見習いをしていた浄土院から通いました。そして残りの三年間は、師僧のお寺から通いました。まさに小僧生活と学問習得に没頭した四年間であり、私にとってはとても楽しい学生生活になりました。

とくに三年目は佛教大学通信教育課程で成績優秀と認められ、奨学生として授業料が半分免除となる栄誉をいただきました。また叡山学院においても、卒業時には院長賞をいただくことができました。

在学中には日本各地の寺院や海外の寺院の参拝旅行もありました。四年目には中国天台山の参拝があり、高祖天台智者大師の開かれた国清寺《こくせいじ》をはじめ、宗祖伝教大師の求法《ぐほう》の地を訪れ、感激を味わいました。

このようにして私は、昭和六十三年三月、無事に叡山学院研究科と佛教大学を卒業しました。その後、さらに一年間、師僧の自坊にて小僧生活を送り、平成元年四月一日に正式に十二年の籠山に入ることになりました。二十九歳のときでした。

籠山に入る前には師の許可を取って七年ぶりに故郷に帰り、両親に挨拶を済ませました。ひとたび十二年籠山修行に入れば、その間は両親に会うことはできません。また生きて帰れる保証もありません。師僧の堀澤師は自らが行に入る前の様子を「私のときは故郷に帰り、これから行に入ることを両親に告げて水杯《みずさかずき》でお別れの挨拶をしたものだ」と語ってくれました。しかし、時代が違うのか、あるいは家庭環境の違いなのでしょうか、私の場合は特別な儀式もなく、淡々と今《こん》生《じょう》のお別れをしました。

私の十二年籠山修行は最終的に二十年の籠山にまで延び、残念なことに母とは本当にこのときが今生のお別れとなってしまいました。

◆コラム2　十二年籠山制度の現在

現在の十二年籠山の規程は国家試験を受けた平安時代とは違い、宗教法人延暦寺の制規で決められています。それは次の八項目です。

一、籠山僧の籠山期間は十二箇年を一期とする。

二、籠山僧は、遮那、止観の行法又は修行業を古来の慣例に基づく制規の方法により修行する者をいう。

三、止観業《しかんごう》を修行する者は、楽欲に従って四種三昧《ししゅざんまい》を修行するものとする。

四、遮那業《しゃなごう》を修行する者は、胎、金、蘇の三部諸尊を長念修習するものとする。

五、修行業を修行する者は、回峰一千日を練行するものとする。

六、好相行を満じ、大戒壇を受け終わった者を籠山比丘という。

七、好相行を遂業しようとする者は籠山五箇年以上を経過していなければならない。但し、一山住職の場合はこの限りでない。

八、大戒壇を受ける者は、好相行を満じた者でなければならない。

＊「止観業」とは、中国隋代の天台大師智顗が自らの証悟により体系づけた『法華経』を所依とする天台の教理と実践のことをいい、「遮那業」は、『大日経』を中心とする真言密教のことを指しています。最澄上人は、比叡山で修学修行する者は止観業か遮那業のいずれかを専攻することと定め、日本天台宗の教学の根本をなす柱となりました。

＊「四種三昧」とは常坐三昧・常行三昧・半行半坐三昧・非行非坐三昧という修行形態のこと。常坐三昧は坐禅を行う修行法。常行三昧は念仏を唱えながら歩くという行法。半行半坐三昧は『法華経』による法華三昧の行法。非行非坐三昧は、坐禅や行道以外のあらゆる修行方法のことで写経などの行法があります。

また籠山の前提となる資格についても次のように決められています。

籠山僧を志願する者は、本山交衆又は本山修学生の課程を履修した天台宗の教

四種三昧のうちの一つ、常坐三昧を行なう

師で、心身健康な年齢四十歳未満の独身の男性でなければならない。但し、年齢については、特に執行が認めた者はこの限りではない。

ここにある「天台宗の教師」を得るには、所定の経歴行階というものを履修しなければなりません。この経歴行階には、四《し》度加行《どけぎょう》、入壇灌頂《にゅうだんかんじょう》、登壇受戒、堅義遂業、開壇伝法という五つがあります。

私は昭和六十年夏に僧侶としての基本的な作法を習得するた

めに比叡山行院に籠って六十日間の修行をしましたが、その後半の三十五日に四度加行を履修しました。その後、九月に入壇灌頂を受け、以後、平成元年九月までに登壇受戒、堅義遂業、開壇伝法を順次履修しました。

このため、教師としての資格をすでに得ておりましたが、籠山する資格はもっておりません。まして、十二年籠山行の根拠地である浄土院で修行をするためには規定の七番にある通り「籠山五箇年以上を経過して」住職になり、好相行を満じる必要がありました。

私の師僧である堀澤師は戦後初めて浄土院の住職を務めた方ですが、その当時は小僧の身分のままでも十二年籠山行の前段階の好相行に入ることができました。そして好相行を満行すると自誓自戒して浄土院に入りました。そのときはまだ仮の住職ですが、しばらくして正式な住職の辞令が出るという形になっていました。

ところが、戦後になって本山教習制度ができたときに、あわせて好相行に入るための条件が整えられました。大卒程度の学歴を有することというのも、その一つの条件です。また、浄土院に入るためには少なくとも三年間、住職になるための修行をすることが条件に加えられました。すなわち小僧の身分では好相行に入ることはできなくなったのです。

私は十二年籠山行に入るための資格は持っていたものの本山交衆に入るための年数が足りなかったため、五年間の修行をして住職の肩書を得て、好相行に入るという手順を踏みました。

師僧の勧めもあり、最初の三年間は本山交衆制度と同じ課程を修習することにしました。本山交衆制度とは「延暦寺一山の住職になるために必要な三年間の籠山修行」を行なうというものです。延暦寺一山の住職になるためには、比叡山に三年間籠って修行をすることが義務づけられているのです。

本来は比叡山で出家受戒をして僧籍に登録された者はすべて伝教大師の定めた十二年籠山をすることが理想ですが、今日では諸般の事情によって全員が十二年籠山を修することができません。そこで戦後になって期間を三年に縮小して、籠山修行を行なうようにこの制度が設けられたのです。

本山交衆制度の課程としては、比叡山行院の助手、居士林の助手、浄土院の助番ならびに延暦寺諸堂での教学、法儀音律、布教および止観を修習することとなっており、加えて百日回峰行と四種三昧の実践行があります。私も三年目に当たる平成三年に百日回峰行を修行させていただきました。

それからさらに二年間、四種三昧の修行を積んで、住職の肩書を得ると同時に、好相行に入る資格を得たのです。

第三章

死の縁に立った仏様

――好相行に挑む

◉一日三千回の礼拝をする好相行

十二年の籠山修行《ろうざんしゅぎょう》に入った私は、浄土院での十二年籠山行を念願していました。しかし、これにもクリアしなければならない条件がありました。まず好相行《こうそうぎょう》というものを満行《まんぎょう》しなければならないのです。好相とは三十二相、八十種好あるとされる仏・菩薩のお姿です。このお姿を感得するための修行が好相行なのです。

先にも述べましたが、天台宗および比叡山では開祖伝教大師最澄上人は亡くなったというふうには考えておりません。その魂は生きていると考えております。そして、その生きたお大師様に仕えるお坊さんがいます。これが先にも出てきた十二年籠山比丘である侍真《じしん》です。

侍真は伝教大師に仕えるのですから、身も心も清らかでなければいけません。そこで仏教の作法でもって心をまず清めるのですが、そのために懺悔《さんげ》（世間では「ざんげ」といいますが、仏教では「さんげ」といいます）、いわゆる自己反省をするのです。これによって心を清めてから、お大師さんに仕えるべしという決まりになっています。

その心の清め方の作法が好相行というものなのです。侍真になって十二年籠山行に入るためには、まず好相行を満じなければなりません。そこで五年間の籠山で比叡山一山の住職になったあと、当然のように好相行に入ることを希望しました。

好相行に入るためには、まず願書を提出します。願書が承認されると行に入る日にちが決められます。それに合わせて浄土院の正面にあるお堂の隅の一角に白い幕を張り、その中の正面に受戒のご三尊、お釈迦様、弥勒菩薩《みろくぼさつ》、文殊菩薩《もんじゅぼさつ》の三尊のかかった軸がかけられます。そうやって支度を整えて、入行の儀式があり、お勤めをしたあとで幕の中に一人で入り、いよいよ行が始まるのです。

行は三尊の軸を前に、ろうそくの明かりだけで毎日、焼香をして、お花を献じて、鐘を二つ鳴らして「ナームー、〇〇仏」と仏の名前を唱えて立ち上がっては坐るという五体投地《ごたいとうち》の丁寧なやり方で礼拝《らいはい》をします。五体というのは両手、両足

好相行は浄土院のお堂の一角で行なわれる

そして額です。これを床につけて礼拝をするのが五体投地です。立ってはまた坐り、ということを延々と繰り返します。テレビにたまにチベットなどで行なわれている五体投地の光景が映されることがありますが、好相行でもあれに近いような形で行ないます。

目の前には、仏様のお名前が書いてある「三千仏名経《さんぜんぶつみょうきょう》」というお経があります。このお経には過去千仏、現在千仏、未来千仏というように、三千仏の仏様の名前が書かれています。そのお名前を一仏一仏唱えながら、焼香をして、お花を献じて、五体投地の礼をするのです。過去・現在・未来で三千の仏様がおられますので、一日に三千回の礼をすることになります。

◉幻覚は何を教えてくれているのか

食事の時間になると、行の手伝いをしてくれる若い僧が外から鐘を叩いて合図をしてくれます。同じ庫裏《くり》の中に食事をする部屋が用意されているので、そこまで食べに出ます。建物の外に出ることは決してありません。

献立は完全な精進料理で、多くても一食千キロカロリーくらいのものです。食事中に誰かと会話をすることは一切ありません。鐘の合図で食堂に行き、そこに準備されている食事をいただき、食べ終わったらお堂に帰って礼拝を続けるのです。ご飯、トイレ、そして朝の沐浴《もくよく》で水をかぶって体を清める時間を除くと、ほとんど二十四時間お堂に入って礼拝をしているような形です。

礼拝は、昔の規則では一日三千回やることになっています。三千回の礼拝をするのに、元気なときで十五時間かかります。それが終わって空き時間があると戒律のお経を読むと決まっているのですが、近年はそれが変わってきて、三千回を超えても続けられるまで続けることになっています。

私は平成六年の八月二十六日から入行しましたが、その年は近年まれにみる暑さでした。それに加え、まったく雨が降らなかったために全国各地で水不足になりました。

それでも行に入った初めのうちは元気ですから、一日三千回の礼拝を超えました。私の場合は、一日目に四千回の礼拝をしました。ご飯とトイレとお風呂の時間を除いて二十時間ぐらいはやっていたと思います。これが二日目になると少し減って三千八百回、三日目になると三千六百回になりました。

しかし、残暑厳しい中、毎日三千回の礼拝で脱水症状になり、入行五日目には早くも三千回を切るようになりました。これ以上は難しいと感じ、先達に状況を報告してお伺いを立てると「続行しなさい」との言葉をいただきました。その言葉を受けて連日奮闘しましたが、体力が落ちていくにつれて再び三千回に到達しない日が続くようになりました。

礼拝の間は一睡もしません。そのためにお堂の後ろのほうに縄床という縄で張ってある椅子が置いてあります。疲れてしまってどうしても礼拝ができないときは縄床に座って仮眠をとりますが、絶対に横になって休んではいけないという規則になっています。

毎日寝ないまま長時間礼拝を続けていると、一週間ぐらいで意識が飛んでしまって異次元の世界に入ります。その日から二十四時間幻覚が見えるようになります。幻覚の種類はいろいろです。

あるとき、目の前が断崖絶壁になっているという幻覚を見ました。下を覗《のぞ》いてみると何百メートルもありそうな崖です。しかし、ふと前を見るとわずか一メートルほどのところに続きの地面があります。ほんの一歩で飛び越えられる距離です。しかし、下を見たら怖くてとても飛べません。「飛べ、飛べ」という声が遠くから聞こえてくるのですが、一歩も足が出ないのです。

そのときに思いました。「後ろから誰か背中を押してくれないだろうか」と。

自分の足が前に出ないものだから助けがほしいのです。もちろん、いつまで待っても誰も背中を押してはくれません。一歩を踏み出せれば何も問題はないのですが、その一歩が出ず、超えようか超えまいかと私は迷い続けました。

その幻覚が出てきた意味もわかっています。結局、自分の内心にある不安や心配が幻覚となって現われているのです。自分の嫌な面、弱い面と真っ向から向き合って、それをいかに超えるか。幻覚はそれを私に迫っているのです。しかし、それを乗り越えるのは容易ではありませんでした。私は悩み、迷い続けました。

◉思考を止めると体は元気になる

お堂の中には昼間でもわずかな光しか入ってきません。いつも暗くて、そのうちに時間の感覚が失われて、今が朝なのか昼なのか夜なのかもわからなくなります。その中で、ろうそくの光を頼りにひたすら礼拝を続けていきます。食事の時間には鐘で知らせてもらえますが、それも朝ごはんだったのか昼ごはんだったのかわからなくなってきます。

もちろん睡魔にはしょっちゅう襲《おそ》われます。立ったり坐ったりして礼拝をしていますが、立ったときにぼーっとしたまま何時間も立ち続けていることもありました。立ったまま眠ってしまっているのです。坐ったら坐ったで頭を下げたまま、しばらく眠りに入ってしまい、膝が痛くなって目が覚めて再び「ナームー、〇〇仏」とやり出すこともありました。

昔、戦争中に行軍《こうぐん》しながら寝ていたという話を聞いたことがあります。そんなことができるのかと思っていましたが、極限まで来た人間というのは確かに立ったままでも眠ることができるのです。

このような感じですから、行に入って何日目になったかというのは途中からわからなくなります。それでも、ただひたすら礼拝を続けていると、そのうちに自分の我が少しずつ潰れていきます。それが好相行の目的でもあります。

なぜ立ったり坐ったりと、わざわざ疲れるような行をするかというと、人間は思考能力が働いている間は我が残るからです。寝ないでいると頭に血が巡らなくなるので思考能力が止まります。すると心が少しずつ我が潰れていって、やがて真っ白になり、無我の境地に近づくのです。その状況を作るために、それだけ過酷なエネルギーを使うわけです。

これは一般の方でも経験しているはずです。くたくたになるまで肉体労働をしたあとは思考が働かないでしょう。そこで寝るかご飯を食べると元気が戻って、頭も働き出します。仏教の行はそれを意識的に行なうのです。頭を働かせないようにするために寝ないで体を動かし、肉体のエネルギーを消費し尽くすようにするのです。

何も考えられない状態になってみて初めて気づくことがあります。それは「頭を使わないというのはこんなに楽なことか」ということです。生まれてこの方、人間は頭を使わないということがありません。生きていくために、何がしか頭を使っています。ところが、思考を止めると身体がその分元気になります。これは頭で相当エネルギーを使っている証拠です。頭を使わないと身体にエネルギーが充満するのです。

これは自然の中に身を置いても同様の効果があるのでないかと思います。人間関係でいろいろ気を使い、あちらこちらにエネルギーを振りまいているような人が比叡山にやってきて自然の中に入ると、明らかに身体が元気になるようです。

◉まったくの無の状態になるのは至難の業

先にも名前を挙げた戦後初の千日回峰行の満行者である葉上照澄《はがみしょうちょう》阿闍梨が回峰行で一番厳しいという堂入りの行をするとき、京都府立医科大学の先生が極限状態に置かれた人間の身体状況を調べるために診察に訪れました。すると、瞳孔《どうこう》が開いて、普通であれば死んでいるという状態になっていることがわかりました。ただ、それでも頭は動いているというのです。葉上師は東大に入るほど勉強を積んだ人だけあって、それほどの状況の中でも頭を使っていたというわけです。完全なる無の状態になるというのは、人間にとって非常に難しいことなのです。

私も行が終わってから思いましたが、私自身、受験勉強も含めて頭を使う訓練は欠かすことなくしてきました。五時間も六時間も勉強を続けると、簡単な計算問題でも間違ったりします。ところが、もう少し頑張って続けていると徐々に訓練の成果が出て、思考能力が少し高まります。そのように思考能力を高める訓練はいくらでもしましたけれど、いまだかつて思考を止める訓練はしたことがありませんでした。

好相行を経験して、宗教というのは普段の生活とは逆のことをするのだな、と気づきました。思考が止まっているときでなければ人間の直観力とか第六感といった能力は目覚めてこないのです。実際に、行の最中には何キロも先の音が聞こえるようになります。本来、人間はそこまでの力を持っているということなのでしょう。

昔、不思議に思ったことがあります。天台大師の書いた『摩訶止観』などの書物を読むと、なんと頭のいい人だ、哲学的な部分も含めてすごい知恵を持っている人だなと感じるのですが、その一方で、これだけ頭の良い人が宗教的な感覚の部分でも尋常ではないほどすぐれていて仏様を見るというのは、何か合わないような気がしたのです。

それが両立していたということは、おそらく天台大師という方は頭を動かそうと思えばどんな天才よりも回転し、思考を止めようと思ったらどんなすぐれた行者よりも止めることができる人だったに違いありません。この両方が使いこなせて初めて宗教的な天才、いわゆる聖者といわれるような人になっていくのだと思います。

今の人間は頭を使う訓練ばかりしていますが、それだけでは人間としての成長は十分ではないのだなと実感します。

聖者とか高僧と呼ばれる人は、ほとんど寝ないといいます。先にもいったように、思考能力を止めれば体中にエネルギーが溢《あふ》れてくるから寝る必要がなくなるわけです。十分か二十分の瞑想をするだけで一日分のエネルギーが充電できるのですから、寝なくても平気なのです。伝教大師がわずか五十六年の間に成し遂げた実績を見ても、それは感じます。実にエネルギッシュに活動しているのです。

それを考えると、普通の人間は非常に効率の悪い寝方をしているなと思います。

何しろ頭と体を休めるために八時間も寝なければならないのです。このあたりに思考優先の今の教育を見直すヒントがあるようにも思います。

◉九か月目、何も見えないまま中断された行

好相行に入行する前、私は先達の侍真の方たちから「心が清まったら目の前に仏様が立つ」といわれていました。歴代の話を伺うと、一日三千回の五体投地をだいたい三か月、回数にして十五万回ほど続けると心が清まって仏様が立つというのです。そして仏様が立ったら好相行は満行となります。

ただし、三か月続ければ仏様が立つとは限りません。では、立たなかったらどうするのかというと、立つまでやり続けなくてはいけないのです。

ゴールがわからないまま歩き続けるというのは、人間にとってとても難しいことです。月日が経つにつれて、いろいろな雑念が湧いて出てきます。私は在家から比叡山に修行に来たわけですが、実際に見た経験はないものの漠然と「神様仏

様というのはいるのであろう」と思っていました。しかし、厳しい行を続けているのにいつまでも何も見えてこないと、「本当に神様仏様はいるのだろうか」という疑問が浮かんできました。

入行の前にもう一ついわれていたのは、「煩悩の多い人ほど時間がかかる」ということでした。しかし、煩悩が多いかどうかは本人にはわかりません。ですから、自分はまあまあ人並みであろうと思って行に入りました。

入行前に不思議な夢を見ました。師僧を初めとする歴代の侍真の方たちが教室に集まって好相行についてのペーパーテストをしているのです。私以外の人は皆、回答してその場ですぐに採点をして合格点をいただいています。ところが、私だけ問題が解けません。そこで私の師僧が答えを教えてくれて「これを答案用紙に書きなさい」というのですが、なぜそれが正解なのか私には納得いかないのです。

この夢が未来を予知していたのかどうかわかりませんが、三か月ぐらい経って「そろそろ見えてくるかな」という時期がやって来ても、私には一向に何も見えてきませんでした。それで、四か月、五か月と行を続けていくことになりました。

比叡山の千日回峰行は厳しい行として知られています。しかし、千日続ければ満行です。千日回峰行の中で一番過酷な行というのは、先にもいいましたが七百日が終わったときに九日間お堂に籠って行なう堂入りです。これは断食、断水、不眠、不臥、つまり、ご飯も食べず、水も飲まず、眠ることも横になることも許されず、ずっとお不動さんの真言を唱えるという厳しい行です。しかし、それも九日間で満行です。

それに比べて、この好相行が何が厳しいかといえば、仏様が目の前に立つまで満行がないということです。見えるまでは何か月でも、何年でも、続けなくてはなりません。途中で「私には見えませんから止めます」ということは許されません。ひとたび行に入ったら、死ぬか見えるかの二つに一つしかないのです。あるいは僧侶をやめて還俗《げんぞく》するか、です。

私の場合、五か月続けても六か月続けても仏様は見えませんでした。季節は真冬となり、素足で氷のように冷たい板の間に立っていると十本の足の指先がすべて割れました。ついには踵《かかと》や土踏まずまで割れて血が滲《にじ》み出し、さらに化膿《かのう》してきました。手も十本の指先がすべて割れ、手の平や手の甲まで割れました。お堂の気温は連日マイナス十度にまで下がり、体は冷え切っていました。

食事は三食きちんと食べています。しかし、横になって眠ることがありませんから、だんだん体力が落ちていき、どんどん痩せていきました。あとで計ったところでは、十数キロも痩《や》せていました。何しろ首が細くなって真っ直ぐ立たないのです。夕方頃になると首が疲れて上がらず、手で顎《あご》を支えていないとガクッと手前に落ちてしまいました。

また、日中はお経の仏様の名前を書いている文字が大きく見えるのですが、夕方になるとそれが霞《かす》み始め、焦点も合わなくなって見えなくなってきます。どう目を凝らしても見えないのです。

目の次には耳がやられました。耳に三半規管という平衡《へいこう》器官《きかん》があります。これがいかれてきて床が四十五度ぐらいに傾いて見えるのです。なんとかバランスを取ろうとするのですが、フラフラして立っていられなくなりました。

結局、入行から九か月経ったとき、先達より「これ以上続けることは無理だろう」と判断され、行は中断されることになりました。

しかし、先にいった通り、比叡山の行は「行不退《ぎょうふたい》」といって途中で止めることは許されません。ですから、ある程度体力が回復するまで待って再開するという判断が下されました。ただし、この判断についてはお山のほうも事務所のほうも迷ったようです。そのため、再開までに一年近い時間がかかりました。

また、体力の回復を待つといっても、横になって休んでいるわけではありません。この期間も毎日千回の礼拝を続けながら体力の回復を果たすようにといわれました。

それでも一度ストップがかかると精神状態も含めてすべて白紙に戻ります。また一からやり直さなくてはなりません。再開までに長い時間がかかりましたから、果たして本当にやれるのだろうかという心配もありました。もし再開されなければ、死ぬか坊さんをやめるかしかないのです。

師僧は、私の目が見えなくなってきた頃に何度も様子を見に訪れました。そして私に向かって「死になさい、死になさい」といいました。頑張れと励ましたところで頑張りようがないので、逆にそういう言葉をかけてくれたのです。師僧は満行できなければ還俗するしかないだろうと考えておられたようです。しかし、「行を止めて坊さんは諦めたらどうか」とはとてもいえなかったと、あとで教えてくれました。

実をいえば、自分自身でも、もう止めようかと思ったことがあります。しかし、そう口にすると先達の方たちも心配してくれて「止めてどうするんだ。止めたら坊さんは終わりだぞ。それとも死ぬのか、どっちだ」と叱咤されました。そう問われると「死にます」とはなかなかいえません。それで結局、「もう少し頑張ってみます」ということになりました。

聞いたところでは、私の師僧も好相行の最中に逃げ出して、気づいた誰かが自殺をするのではないかと思って追いかけてきたというような経験をしているそうです。

また、禅僧として名前の知られている一休宗純は破天荒《はてんこう》な人生を歩んで風狂の人といわれていますが、二度自殺を試みています。やはりそれぐらい悩まなければ、自分の壁を超える一歩は踏み出せないのでしょう。道具を使えば壊せるような壁であればいいのですが、自分自身の内側にある壁というのはそう簡単には壊せるものではありません。

石か何かを持った人に殴られそうになれば、誰でも自分の身を守るために手を使って防御しようとします。それは自分が生きたいという動物的なとっさの行動です。行というのは、そうしたときでも動じない心をつくることに挑戦しているのです。とくに死の恐怖に対して動じないというのは生半可なことではありません。決死の構えで臨まないと超えられません。ですから、行の最中は他人のことを考えている余裕はまったくありませんでした。

◉ドクターストップがかかり、二度目の中断

結局、二度目に行に入ることが正式に許可されたときは、もう一度チャンスが与えられたと、ほっとしました。満行できずに死ななくて済んだという思いもあ

りましたし、今度は絶対に満行しなくてはいけないという気持ちもありました。普通であれば一回きりしかできないわけですから、二度目というのはいわば温情です。それだけにより強い思いを持って二度目の行に入っていきました。

しかし、今度もまた何も見えないまま、三か月が経ち、半年が経ちました。季節は再び冬となり、またしても両手両足の指先、足の踵、土踏まずがすべて割れて血が滲み、化膿しました。あまりの痛さに、針山の上に立っているような感じがするぐらいでした。

日に当たりませんから顔もだんだん白くなってきて、体はどんどん冷たくなってきました。最初は足先が冷たくなり、次第に脚の股関節ぐらいまで冷たくなって感覚がなくなりました。手も指先からどんどん冷たくなってきて、噛《か》んでも痛みを感じないほどでした。ご飯を食べても舌が死んでいるので満腹感もありませんでした。

そのうち肩まで冷たくなってきました。心臓が冷たくなったらおしまいです。死が刻々と迫ってくるのがわかりました。

師僧がときどき会いに来てくださいました。「蝋人形《ろうにんぎょう》のような姿だな」と声を掛けてくださったのを覚えています。私は何も反応できませんでした。その頃は光が当たっても反応せず、顔の表情もないという様子で、瞳孔もほとんど開いた状態になっていたようです。投身自殺をする人は飛び込む前にすでに死んでいるといわれますが、私もこのときは精神的にも肉体的にも死ぬ寸前の状態にあったように思います。

この頃は幻覚、幻聴に加え幻臭まで漂い始めました。最初に見たのは、六人ぐらいの男女がこちらを向いて立っていて、そのうちの二、三人が中腰でカメラを構えているという幻覚でした。次に見えたのは、私の背中に焼き印を押そうと、お堂の周りを走り回っている男でした。その鉄の真っ赤に焼けている匂いが漂ってくるのです。

また、自分の後ろに数百人の子供がついてきて同じように礼拝をしているという幻覚も見ました。その子供たちの親が私を非難している声が聞こえてきました。親たちは私が子供たちを洗脳したというのです。あまりにもリアルだったので、トイレに行ったとき、助番の若い僧に本当に子供たちが来ているか聞いたほどでした。

あるときは何週間にもわたって数百人の武士が背後から私を斬り殺しにやってきて、斧《おの》が飛んで私の首が落ちるという幻覚も見ました。

こうした幻覚が忽然《こつぜん》となんの前触れもなく始まるのです。


結局、二度目も九か月経過した平成九年一月九日にドクターストップがかかりました。今度は生命が危険ではないかと判断されて、医者がお堂に上がってきてその場で血液検査をしました。このときは「いよいよこれで終わりか」と観念しました。さすがに三度目は許可されないだろうと思ったのです。

九日して検査の結果が出て、「もう少し体が持ちそうだ」との判定が下りました。それによって一月十八日に行が再開されることが決まりました。

私の心境としては、もはや出し尽くしてしまってどうしようもないという思いでした。今から振り返ると、仏様を感得するためにはそういう精神状態になることが求められていたようです。二度のストップがかかるほど、私は多くの煩悩を抱えていたということなのでしょう。それほど、とらわれていたのです。死の縁まで追い込まれて、そうしたとらわれがようやく消えていったようでした。

医者の判定が下ると、すぐに三度目の行が再開されました。すると、今度は一か月ほどで目の前に仏様が立ちました。ついに感得に到ったのです。

仏様を見た一瞬は、もちろん喜びの状態にありました。しかし、実をいうと、三度目の行に入って間もなく、私はすでに異次元の世界にいるような感じでした。お堂の外はダイヤモンドのようにキラキラと輝き、礼拝している間は常に体中が喜びに溢れ、自分の声が天地に鼓動してその振動に木も石も大地もすべてが喜んでいるかのようでした。

行をしているお堂の周りにいた先達たちも私の礼拝の声を聞いて、仏様を見る日が近いとわかったようです。そして、そうした喜びに溢れた状態の中で目の前に仏様が現れたのです。

◉ついに目の前に立った三次元で光り輝く阿弥陀様

私の前に立ち現われたのは阿弥陀様でした。私の目の前には、戒律を授けてくださるということから、お釈迦様と文殊様と弥勒菩薩様の三仏の軸が掛かっていましたが、だからといってお釈迦様が出てくるわけではありません。自分と一番ご縁のある仏様が出てまいります。それが私の場合は阿弥陀様であったということで、人によってはお釈迦様であったり観音様であったりします。これがキリスト教でいうと、キリストが現われたりマリア様が現われたり、といった形になるのでしょう。

ただし、私が本当に阿弥陀様を感得したのかどうか、これは私が決めることではありません。肉体も精神もギリギリの状態で行を続けていますから、行者は疲労の極致にいます。それが幻覚を生んだとも限りません。とくに私の場合は、見えない状態がずっと続いていましたから、「見たい」という気持ちが「見えた」

という思い込みに変わって幻覚が生じた可能性もあります。

私が見た仏様が本物の仏様なのかどうか。それをはっきり区別するために、先輩である侍真の方たちに判断を仰ぐ必要があります。浄土院でお大師様に仕えている先輩方は必ず好相行を終えて仕えておりますので、その方に報告をし、そこでいくつかの条件をクリアして初めて感得したと認定されるわけです。

この条件といいますのは、たとえばこういうことです。

仏様は肉体の目では見えないもので、心の目で見るものです。そのため、目を開けても目を閉じても目の前に仏様が立っていなければいけません。目を閉じたら見えないというのであれば本物とは見なされません。しかも絵に描かれたような平面的な仏様であってはだめなのです。ちゃんと三次元の立体で、色彩のある光り輝く生きた姿でなければ本物ではないのです。その他に、匂いや見えている時間、感得したときの心の状態などが問われました。そういったいくつかの条件が満たされて、初めて「よろしい」と判定されます。

しかし、それでもまだ正式に感得したことにはなりません。籠山行は天台宗で最も厳しい行の一つといわれていますので、全国に三千か所ある天台宗の寺院の最高位にある天台座主に報告をします。座主は過去の事例を何度も聞いておりますので、さらに吟味をされて判定を下します。この座主猊下が「よろしい」といったときに初めて好相行は満行という形になります。

私はこうした条件を無事に通り抜けました。足掛け三年、実質五百八十五日かけて、私はようやく好相行を満行したのです。五体投地の回数は実に百数十万回に及んでいました。

◉「あと一回、あと一回」の積み重ねで満行に到る

好相行を続ける中で大変なのは、体力の限界が来て、精神的にも限界が来たときにいかに気持ちを保ち続けるかということでした。幕の中に入ってたった一人で行をしていて誰かが監視しているわけではありません。休もうと思えば何時間休んだところで文句はいわれません。しかし、そこで休んでしまえば、どれだけ

待っても永遠に満行することはないのです。だから、どんなにつらくても再び立ち上がって礼拝を続けるしかないのです。

心身ともに疲れ果てて「もう二度と立ち上がりたくない」と思ったときもあります。そういうときにはどうするのか。「あと一回だけやってみよう」という気持ちでなんとか立ち上がるのです。そうやって一回やると、「もう一回ならできるんじゃないか」といって頑張ります。それができると、「もう一回ぐらいはできるだろう」と気持ちを奮い立たせてさらにもう一回続けるのです。

こうやって三度繰り返すと「もう限界だ。精も根も尽き果てた。もう二度と立ち上がれない」と思っていたのに、「あと一回、あと一回といったら人間はできるものだな」という気持ちに変わりました。そして「三回できたのだから、もっと頑張れるのではないか」と思ったときに初めて、限界というのは自分が作っていた壁なのだと気づきました。

その壁を一歩乗り越えることができると、また礼拝を続けていけるようになります。さらにまた苦しくなってくると、頑張ってもう一歩だけ踏み出そうという思いでなんとかやっていくと、その壁を越えられる。こういう一歩一歩の積み重ねで、最終的に仏様を感得するところまで到ったのです。

最初の頃は仏様を感得したいという思いが強くあります。先輩方が三か月ぐらいで見えてくるといわれるので、私もそれを目標にして、三か月先を見据えて行を続けていました。しかし、先を見ている間は決して仏様は見えないのです。なぜならば、そこに邪心があるからです。

ギリギリの限界まで来て「今の一瞬をどういうふうに生きて礼拝をするか」という気持ちで一回の礼拝にすべてを懸けたときに、人間は無我の境地に到ります。邪心がなくなって真っさらな状態になります。そうした心になったとき、仏様は立ち現われてくださるのです。

無我というのは思いがない状態です。もっと頑張ろうとか、もっとこうしようという気持ちがあるうちは無我ではありません。神仏に仕えるためには、何も思いがない無我の状態にならなければいけないのだと思います。

阿弥陀様が目の前に見えたとき、私は自分の壁が一枚二枚と破れて、昔より一回りも二回りも大きくなった感じがしました。個としての自分の意識が薄れる代わりに、天と地とそして宇宙いっぱいに自分が広がっていくような感覚が何日も続きました。感得までに時間はかかりましたが、後悔することなど何一つとしてありませんでした。

第四章
決死の十二年籠山行

◉侍真職の一日――毎日同じことを同じように

好相行を満行すると、日を改めて比叡山の戒壇院で戒律を受けます。普段ならば天台座主から戒を授かるのですが、好相行を終えたときには仏様を自らが感得したという理由から仏様から直接戒をいただくことになっています。では、戒壇院では何を行なうかというと、天台座主以下十数人の高僧方が集まった中で、その方たちを証人として自ら誓って自戒をするのです。これを自誓受戒といいます。

そして自誓受戒をしたその日から十二年籠山行が始まります。天台座主が「伝教大師に仕えてよろしい」という許可をし、「浄土院に入って侍真職をしなさい」という辞令を下します。これをもって、いよいよ本番の籠山行に入ることになります。

十二年籠山行について語るにあたって、伝教大師に仕える侍真職の仕事についいて触れておきます。朝は三時半に起きて四時から一時間ほどのお勤めをします。

浄土院に入る前の自誓受戒をする

五時になるとお大師様に朝のお食事を差し上げます。お粥、梅干、お漬物、佃煮、こういったものをお膳に載せてお供えしてお勤めをします。お大師様の生きた魂に仕えるのが侍真職ですから、生きた方に仕えるようにお食事を差し上げるわけです。
　これが終わりますと、今度は伝教大師自らが彫ったといわれる阿弥陀様の供養をいたします。それに引き続いて、またお勤めをします。比叡山は平安時代から国家安泰、天皇陛下の安泰を祈る祈祷《きとう》の道場です。そのため、今でも法華経、仁王経《にんのうきょう》、金光明経《こんこうみょうきょう》、そして大般若経という六百巻にも及ぶ長いお経を毎日一巻ずつ読んで、国家安泰と天皇陛下の安泰のために祈祷をしています。阿弥陀様の供養と合わせると、だいたい二時間半ほどのお勤めをすることになります。

朝起きてから六時間ほど経ち、十時になるとお大師様に昼のお食事を差し上げます。今度はご飯、味噌汁、そして野菜の精進料理をお供えしてお勤めをします。侍真職はお大師様に差し上げた食事のお下がりをいただきます。そして食事は一日二食です。昼は十時半頃に食べますが、それが終わったら翌朝の食事まで十八時間あまり何も食べません。

最初の頃は腹が減りました。空腹を忘れるためにどうしたらいいかと考えました。お勤めをしているときはいいのですが、それ以外の時間は、腹が減っているほうにばかり神経が行って弱りました。それを紛らわすためには、一分一秒、修行に身を入れてやるしかありません。

昼になると境内の掃除を始めます。

この比叡山には三つの地獄があるといわれています。修行が厳しいことを地獄という言い方をしているのです。その一つは比叡山の一番南、無動寺谷《むどうじたに》を本拠地として行なわれる回峰行です。これは回峰が厳しいところから回峰地獄といいます。もう一つは浄土院から北に四キロ行った横川《よかわ》地域にある元三大師堂《がんざんだいしどう》のお勤めです。これは一日に七回もお堂に入ってお勤めを行なうという厳しさから、看経《かんきん》地獄といいます。そしてもう一つが、ここ浄土院の掃除《そうじ》地獄です。

浄土院は伝教大師の魂がいらっしゃる場所で、比叡山で最も清らかな聖地とされています。そのため、時間があったら常に掃除をしていなさいといわれ、休憩時間も含めて一日の中で空いた時間はすべて掃除に費やします。

目に見える外の世界をきれいにすることは、実は自分自身の心をきれいにすることにもつながります。ですから、隅のほうの塵一つ見逃さないぐらい徹底して掃除をします。それが自分の心の汚れを落としていくことになるのです。一所懸命に掃除をするのにはそうした理由がありますが、その厳しさゆえに掃除地獄といわれるのです。

ただ、十二年籠山行をしている行者はお勤めがメインになりますので、それほど長い時間を掃除に費やすわけにはいきません。一日のタイムスケジュールの中では、昼から始めて三時までが掃除の時間に当てられています。しかし、その補助をする小僧は、昼からの掃除を合わせて一日六時間以上は掃除をしています。また、法要などの行事があるときは籠山行をやっている行者も一緒に、一日八時間ぐらいは掃除をすることになります。

こうして三時まで掃除をすると、次は四時からのお勤めの準備をし、四時になると夕方のお勤めを始めます。そして五時になると開いている門が全部閉められて、一日の行が終わります。

しかし、それで終わりかというとそうではなく、そこから仏教の勉強をしなくてはなりません。足りない分の坐禅をしたり、お経を読んだり、写経をしたりします。そして、だいたい九時か十時になると就寝します。そして次の日もまた三時半に起きて、四時からお勤めが始まります。

誰も見ていなくても自分の修行ですから、三百六十五日、必ず同じ時間に起きて同じことをしていきます。単調な毎日ですから、自分のテンションをいかにして上げるかというのが課題になります。

私の場合は、「毎日、何巻ずつお経を読む」とか「何日までに必ず写経やり遂げる」というように細かく目標を立てていきました。写経はずいぶんやりました。根本経典である法華経は全部写しました。また、弟子が和歌山のほうに寺をつくりましたので、法華経十巻を全部書き写して奉納しました。その次にインドにいる兄弟子がお堂を建てるというので、再び法華経十巻を書き写して納めました。さらに、浄土院に入る前の籠山三年目に百日回峰行をさせてもらったお礼をしていなかったので、そのお礼として法華経十巻を写して無動寺谷明王堂に奉納しました。

このような修行を十二年間、休まずに続けるというのが十二年籠山行です。継続は力なりといいますが、毎日同じことを繰り返し続けることによって精神が強くなり、少しずつ悟りに近づいていくという考え方から始まった行なのです。

◉掃除ととらわれの心

掃除の意味について、少し補足しておきたいと思います。

戦後、比叡山にも観光客が入ってくるようになったため、籠山中の侍真は浄土院から外に出てはいけないという規則が設けられました。そのため、自然と運動量が限られ、運動不足になってしまいます。それを解消するために動け、ということで、掃除地獄と呼ばれるほどの徹底した掃除をさせるようになったのではないかという話を老僧から聞きました。とくに浄土院は比叡山で一番湿気の多いところですから、肺の病気にもかかりやすい。その予防も含めて、外に出て体を動かすことを意識的に行なうという意味もあったのだろうといわれています。

また、それだけ長い時間掃除をしていると、見た目の汚れだけではなく、それ以上に自分の心の汚れに気づいていきます。きれいな白い砂の上に枯葉が一枚でも落ちていると気になるのと同じように、自分の心の汚れも気にかけるようにな

浄土院での掃除風景

るのです。一枚ぐらいいいだろうという気持ちでいると、心の中にどんどん汚れがたまってしまうのです。

これはお茶の世界でもよく聞く話です。千利休も師匠から命じられて落ち葉の季節には掃除をしています。利休は真っ青なコケの上にもみじが落ちているのをきれいに掃除しましたが、師匠は「まだ足りない」といいました。「何が足りないのだろう。一枚の枯れ葉も落ちていないのに」と利休は首をかしげるのですが、そこでハタと気づいて、木を揺らしてみました。すると枯れ葉がたくさん落ちてきました。「なるほど、これをすべて取らないときれいにはならないな」と気づき、その掃除をするのです。ところが、利休にはもう一つ気づいたことがありました。色づいたもみじの葉がコケの上に落ちているのはきれいだし、風情がある。しかし、それが白砂の上に一枚、二枚落ちていると今度は気になってくるな、と。

それは実は心の問題なのです。最初のうちは自分の心も含めて汚れていると気づくと徹底的に掃除をしてきれいにしていくのですが、きれいになるにしたがって、今度はほんの少しでも汚れていると気になって気になって仕方がなくなる。変にとらわれて、異常なまでに潔癖になってしまうのです。

これに気づいた利休は、汚れているものはきれいにしなければならないけれど、必要以上に気にし過ぎるのもよくない、ということを学ぶのです。

これと似た話ですが、先輩の侍真の話を聞いて「なるほどなぁ」と思ったことがあります。それはお堂の中にある灯明皿《とうみょうざら》の掃除の話です。灯明皿の中には菜種油がたまっています。そこに灯心を入れて火をともします。当然ですが、火をつければ黒い燃えかすが落ちます。その一つ二つと落ちた燃えかすが気になって、その先輩は、お堂の掃除をする下の者に「灯明皿をきれいに掃除しておけ」と怒って命じたというのです。

灯明皿を掃除するには、まず油を別の皿に移して、洗剤で灯明皿を洗い、改めて油を入れて、灯心を備えて火をつけます。しかし、火をつければまた燃えかすが一つ二つと落ちていきます。つまり、いくら掃除をしてもきりがないのです。しかし、きれいにすることにとらわれてしまうと、少しの汚れが我慢できないのです。だからイライラして仕方がなかった、とその方は話してくれました。

その方は「浄土院というきれいな場所に急に来たので、ここを常にきれいにしなくてはということに神経をすり減らした」といっていました。三年ほど経ってようやく慣れてきて、下の者にも怒らなくなったそうです。

また、伝教大師の御廟の境内の掃除は十二年籠山行をしている侍真だけが行ないます。その話をしてくれた方は、浄土院は掃除地獄で清浄なところだといわれているため、少しでも汚れがあると、訪れた人に「思ったより汚い」と思われるのではないかと気になって、時間があったら外に出ては御廟の掃除をしていたそうです。「だから最初の頃はひどく疲れた」といっていました。

日々多くの人と接していれば、そんな小さなことは気にかかりませんし、気にかけている暇もないのですが、自分一人きり、あるいは一人か二人の下の者と一緒にいるだけなので、小さなことまでがどうしても気になるのです。下の者を怒るというのも、汚れが気になるというだけではなくて、相手の存在そのものが気になるということなのでしょう。そうした気持ちを拭い去って自分の心と向かい合うという意味で、掃除はよい修行であると思います。

◉自然と共にある自分を感じられる喜び

十二年籠山行というのは、見方によっては朝早く起きて晩早くに床に就くという、ごくごく普通の生活を毎日送っているように思えるかもしれません。だから、毎日が単純でつまらないでしょうという人がいます。しかし、それはまったくの逆で、毎日、非常な喜びがあるのです。

先に述べましたが、好相行をやっていたときも、ただ苦しいだけではなくて非常な喜びがありました。その喜びとは嬉しいことがあったときに湧いて出てくる喜びとは違って、何もないのに体の中心から泉のようにとめどなく湧いて出てくる喜びでした。実に強烈な喜びで、目に見える仏様の姿がダイヤモンドのように光輝いていたばかりでなく、目にするすべてのもの、屋根でも家でも木でも床でも、すべてのものがキラキラと輝いているのです。さらには自分が溶け出して宇宙と一体になってしまうという体験をしました。そういった精神状態になることが、好相行の最中には何度もありました。

では、十二年籠山行の喜びとはどういうものかといいますと、それは自然の中で生かされているという喜びです。この行の一日の始まりが三時半の起床から始まるというのは、昔の時計のなかった頃に決められたことです。手を広げて輪郭《りんかく》がうっすらと見える。これが夏ならばだいたい三時半ぐらいだというので、三時半に起きるようになったのです。

でも、冬場は三時半では何も見えないだろうと思われるでしょう。確かに冬になると五時ぐらいにならなければ明るくなりません。ですから、昔は冬場の行は五時ぐらいに起床して始めたといわれています。しかし今日は時計がありますから、三百六十五日、三時半起きになったというわけです。

したがって、本来であれば、明るくなったと同時に起きて、日が沈んだと同時に一日が終わるというスケジュールだったのです。つまり、この行は自然と呼吸を合わせてやるものなのです。もちろん、昔も蝋燭などがありましたから、日が暮れたあとも行以外の仏教の勉強などをやっていたことは今と変わりありません。

また、食べる料理は完全なる精進料理です。出汁も鰹節では取りません。昆布と椎茸だけです。肉や魚はもちろんのこと、タマネギ、長葱、ニラ、ニンニクといった臭《くさ》いものも食べません。さらに、料理に使う水や飲み水はお大師様に上げるために浄土院だけに引いている湧き水です。それを使って毎日の生活をしていくのです。

テレビもなければラジオ、新聞、週刊誌なども一切ありません。外部からの情報は完全にシャットアウトされています。そういう中で日々同じ生活をしていると、自分が自然の中で生かされていることがまざまざと感じられます。そして生き生きとした感じというのが体の中からどんどん湧いて出てきます。

文明社会で生活していれば便利ではありますが、一方で非常に疲れます。サラリーマンの方たちを見ていても、疲れが滲み出ているのが感じられます。ところが、自然のままに生きるようになると、人間は非常に生き生きとしてくるのです。その生き生きとした中で、毎日、自分自身を見つめながらお勤めができるというのは非常に素晴らしいことです。やっている最中から「なんて幸せなのだろう」と感じるぐらいの幸福感に包まれます。そういう中で十二年間の修行ができたというのは、実にありがたいことだったと今でもしみじみ感じるのです。

◉孤独の中で十二年間を過ごす心得

　十二年籠山行にも苦しみはあります。それは好相行とはまた違った種類の苦しみです。親が亡くなっても山を下りることは許されないのは好相行も同様ですが、十二年籠山行では病気になっても医者に診てもらうことができません。そのため体調管理には非常に気をつけていました。

　もしも体調を崩すときがあれば、そこでまた自分の心を見つめ、足りないところを直して、自ら励ましながらやっていきます。先輩方の中には体調を崩してそのまま亡くなっていった方もおられますから、くれぐれも慎重に、細かなところまで注意して体調管理をしていく必要があります。

　そういう意味では、自己鍛錬《たんれん》にいい修行であると思います。普通の生活であれば、病気になれば「病院に行って注射を打ってもらおう」「薬を飲もう」と気軽に考えて、自分自身を見つめ直す機会にしようとする人は少ないでしょう。けれども、籠山行の中で病気をすると、あらゆる面から自分自身を見つめ直していかなければなりません。そうしないと十二年も行を継続することはできません。そう気づいたときに初めて、細かなところまで丁寧《ていねい》に自分の心を行き渡らせるという態度が生まれてきます。

先輩方に聞くと、浄土院は非常に静かなところであるために、その静かさに慣れずにイライラして、手伝いの僧を叱り倒したりしたことがあるといいます。そこで自分の心の弱さが初めて見えてきた、と。

ただ、手伝いの僧がいるといっても一人か二人に過ぎませんし、それも自分がお勤めをしているときに食事を作ったり掃除をしたりする補佐役としてついているので、接触する時間はほとんどありません。もちろん、一般の方は中に入れませんから会うことは絶対にありません。ですから、たった一人きりで十二年間山に籠っていると考えていいのです。

会話もする機会もありません。好相行では仏様を感得いたしますが、十二年籠山行では仏様と対話をするとか伝教大師と対話をするという体験は私にはありませんでした。ただひたすら、否応なく、自分自身と向かい合うのみです。ただし、対話をすることはなくても、生きたようにお大師様に仕えるということで、お大師様が何をいいたいかを感じたり、目には見えない加護というものを非常に感じることはありました。そういった神仏の加護、祖師の加護があったからこそ十二年の孤独に耐えきり、満行できたのだと感じます。

◉深刻なカロリー不足による体の冷えに悩まされる

とはいえ、この十二年間のうちに一度も風邪を引かなかったかといえば、そんなことはありません。いくら気をつけても、どうしようもない部分もあります。

とくに年月が経過するにしたがって、体力がどんどん落ちていきます。早い人では三年、遅くても六年くらい経つうちには食生活でエネルギー不足になります。そうすると、冬の朝など起きたときにすでに体が冷え切った状態になっています。何しろ前の日の昼食を食べてから十八時間も何も口にしていないので、体温が上がりようがないのです。自分で触っても、冷たい！　と思うほど体は冷え切っています。その中でお腹を壊すこともあります。

体調面では、とにかく体温が上がらないということが一番の心配事です。これは夏場でも同じです。朝六時半からの阿弥陀堂でのお勤めが終わって十時近くに出てくる頃には体が冷たくて仕方ありません。そこで部屋に帰るとすぐに石油ファンヒーターをつけて体を温めます。真夏であれば普段でも室温は三十度ぐらいありますが、それでも寒くて仕方ないのでヒーターをつけるのです。

ところが、ヒーターのもともとの設定が三十数度であるため、すぐに止まってしまいます。とにかく寒くて寒くて、下手をしたらガタガタ震えるくらい体が冷たくなっています。

その後、十時半頃に昼食となりますが、食事を食べると今度はカーッと体が熱くなってきます。食べたものがすぐに燃えてエネルギーに変わるのです。それだけで体が温まって、寒さを感じなくなるほどです。よく腹が減って力が出ないことをガス欠などと表現しますが、体が冷たくなるのはまさにエネルギー切れによるものなのだと、このときはっきりと実感しました。

しかし、冷えは体にもっともよくないといわれますから、この状況はとても心配でした。でも、今は暖房器具があるからいいほうです。私の師僧が十二年籠山行をしていた頃は戦後まもなくですので、真冬でも火鉢一つしかなかったそうです。休憩時間に本を読もうと思っても寒くて集中できないため、布団をかぶって勉強をしたといっていました。

師僧はまだ二十二、三歳のときに籠山に入りましたが、何年もしないうちに、朝の阿弥陀堂でのお勤めのときにはお腹の前と後ろに白金カイロを十個ぐらい入れるようになったそうです。そうしないと、お腹を壊してどうしようもなかったというのです。それぐらい体力が落ちていくのです。

自分の体が病気にならないようにコントロールしていくというのも、籠山行における一つの闘いです。私は夏でも冷たいものはほとんど飲まず、熱いものしか飲みませんでしたし、料理も生姜を多くするとか、いろいろ体を温める工夫をしていきました。

◉自ら苦しさを求めていくから何があっても納得できる

それでも私は運がよくて、十二年間浄土院でお勤めしたあと、十三年目に現在籠山中の渡部光臣《わたなべこうしん》師と交代することができました。その年の冬は十二月ぐらいにぎっくり腰になって、一か月くらいしてまたぎっくり腰になりました。腰まわりの筋肉が弱くなってきていて、いろいろと故障も出てきていましたから、もしも後任がおらず一年間籠山が延びていたら、二度と立ち上がれなかったろうと思います。それほど私の体はギリギリの状態でした。

私の先輩の中には、十二年間の最後のほうは体力が落ちて立ち上がれず、手伝いの若い僧に戸板に乗せてもらいお堂まで運んでもらってお勤めしたそうです。一人では立ち上がる気力も体力もないような状態だったのです。その方は満行したその日に救急車で病院に運ばれていきました。

また別の先輩は、途中で交代の人ができたために六年で浄土院の侍真を交代し、他のお堂に行って修行を続けました。浄土院よりは多少は環境がよくなったとはいえ、同じ比叡山の中ですから、行が終わる頃には体力が落ちて胃痙攣《いけいれん》を起こし、朝から晩までおかゆしか食べられなかったそうです。

そこまで体を酷使して行に励《はげ》んでいるのです。元禄の頃は人生五十年の時代でしたから早く亡くなるのは仕方のない部分もありますが、それから今日までの籠山行に入った人の平均寿命は五十六、七歳です。栄養状態が悪いし、体を酷使してだいぶ痛めますので、これも仕方ないかという気がします。

そこまでしなければならないものなのか、と思われるかもしれません。しかし、自分の精神レベルを上げるためには自分の体を犠牲にしなければならないのです。それが行というものです。

楽をして精神レベルが上がるものならそれに越したことはありませんが、他人の話を聞いても、自分自身で体験してみても、それはありえないということがわかりました。レベルが上がるのに見合うだけの苦しみを自ら体験していかなければ、人間は一歩も成長しないのです。

子供の教育にもいえることですが、他人から強制的に厳しさを与えられた子供はうまくいけば育ちますが、失敗すれば性格が歪《ゆが》んでしまいます。だから、厳しくすればいいというものではないのです。あくまでも自分で進んでしんどいこと、苦しいことに挑《いど》んでいくように仕向けるのが親なり教師なりの役割でしょう。

修行というのは自ら苦しさを好んで求めていくことです。自分から求めるのですから、何があっても納得しないわけにはいきません。だから、性格が曲がることは決してありません。他所から与えられた厳しさでは人間はなかなか成長しません。やはり自分で求めていかなければならないのです。

◉最後まで前向きに生きるために、どう生きるかを明確にする

籠山行の十二年間では、最初と最後では体力的にも精神的にも大きく変化しています。当然、意識も変わっていきます。

最初のうちは、スケジュール通りにこなすことを第一に考えていました。しか

し、年月が経つにつれて、それだけではやる気が湧いてこなくなるのです。自分をもっと戒めていかないと、ただ日常がダラダラと続いて行ってしまいます。だから、どんどん意識を変えていって、「次はこれやる」「その次はこれ」と常に目標を持つようにしたのです。

一方で、体力が落ちて身体が気持ちについていかないことに対する葛藤もありました。始めた頃は三時半に起きるのは普通にできましたが、体力がなくなってくると目覚めが悪くなりました。目覚ましをかけているのですが、アラームの音も聞こえなくなってきました。そこで目覚ましを一個から二個に増やしました。

また好相行のときには横になって寝ることがありませんでしたから、その習慣が身についていて、籠山行に入ってもしばらくは椅子に座って寝ていました。横になって寝ると腰が痛くてしょうがないのです。横になって普通に寝られるようになったのは三か月か半年経った頃だったと思います。

また、昼間は決して横になりませんでした。先輩方からも聞いていましたが、横になるだけで体力が落ちるのです。体力温存のため極力横にならないように気をつけていました。

先に六年で籠山行を交代した先輩の話をしました。これは近年、条件が整えば六年を過ぎたら交代できるという規則に変更されたのです。しかし、それはその人の持っている運です。次の行に入ってくれる後継者がいなければ交代はできません。私もそうでしたが十二年間丸ごとやる人もいますし、戦時中には十八年やった人もいます。

ですから、体力をどうやって維持していくかは行者にとって大きな課題です。体調を崩せばそのまま死に直結しかねませんから、先輩方からも事前に話を聞いたりして、体調維持の工夫をしていきました。

何度か立っていられなくなるほどの頭の痛みを感じたことがありました。おそらく風邪を引いて体力が落ちるとともに血圧がどんどん上がっていったのだろうと思います。行が終わって山から下りて普通に生活するようになってしばらく経った頃、引いた風邪がなかなか治らないので、何度か病院に薬をもらいに行きました。最後に病院へ行ったとき、「ちょっと血圧を測りましょうか?」といわれて血圧を測ったところ、すでに風邪は治って元気な状態だったのにもかかわらず、上が二百十、下が百四十という異常な高さであることがわかりました。もう少し年齢が行っていたら血管が切れていてもおかしくないレベルです。

しかし、浄土院での行中にはそのときよりひどい頭痛を何度も経験しました。おそらく血圧も相当上がっていたのだろうと思います。そのときは血圧を測る機械もないし、我慢して行を続けていました。その頃は風邪を引いても、それを認めてしまうと気が弱くなってしまうので、鼻水が出ようが咳《せき》が出ようが「気のせいだ、風邪なんかひくはずがない」と自分で思い込んでいました。

人間ですから弱さはあります。しかし、それをどのように克服して行を続けていくかが勝負なのです。簡単に越えられない山は何度もやって来ましたし、これからもあるでしょう。ただでさえ年をとれば、病気でなくても体がきかなくなっていきます。それに耐えながら、自分が死ぬまでに精神レベルをどうやって上げていくか。これはすべての人が課題としていいことだと思います。

もちろん、老人になって寝込んだところで誰も文句はいいません。しかし、本人の生き方としてそれをよしとするのかどうか。自分自身の死生観が問われていると思います。

癌《がん》の告知を受けて病院に入って治療を受ける人もいれば、治療をせずに最後まで自分の仕事を全うして亡くなる人もいます。それもそれぞれの生き方にかかわる選択であろうと思います。どちらを選んでも悪いわけではありません。自分で納得できればいいのですが、そのためには、どのように生きたいのか、どのように死にたいのかを明確にしておく必要はあると思います。自分なりの目標を持って、死ぬ間際でも自分を高めていきたいという熱意があれば、最後まで前向きに生きることができるのではないかと思うのです。

◉自分を高めて生きようという人は死ぬ間際まで前向きでいる

私の師僧は二十代で浄土院に入ったときから、「自分の修行方法は禅だ」といって熱心に坐禅をなさった方です。師僧は籠山行を終えたあと、もっと禅の勉強をしたいといって京都の大徳寺や妙心寺の門を叩きに行きました。しかし、戦後になって大分経っている頃ですから、門を叩いたからといってすぐに他宗の人に教えを出すことはできない、手続きを踏んで弟子の形で宗道に入らなければ修行は無理だといわれたのです。

しかし、その熱心さに感心した妙心寺の管長さんが「大徳寺にいる老師を世話してあげよう」と声をかけてくれ、師僧は老師に会うことになりました。そこで「坐禅に来るか」という話になったのですが、ちょうどそのとき前から希望を出していたインド留学が決まって、師僧は三年間のインド留学に旅立つことになりました。

インドから帰ってきたとき、師匠はすでに四十歳になっていました。山の仕事にも復帰しなければならないし、もう他宗の禅に行くわけにはいかない。でも、せっかく老師から声をかけてもらったのだし、少しだけでも坐禅をやりたいと思った師僧は、もう一度大徳寺に老師を訪ねました。すると、お釈迦様が十二月八日に菩提樹の木の下で悟りを開かれたところから行なわれるようになった臘八摂《ろうはちせつ》心《しん》（十二月一日から八日の朝まで寝ずに坐禅を続ける修行）に来るかという話になりました。師僧はそれを受諾しました。

この大徳寺の老師といわれている方は妙心寺の管長さんと同期で、若い頃は竜虎と呼ばれたほどの激しい修行をした仲でした。その老師から「比叡山の坊さんは四十になってもまだ修行するのか」と感心され、それ以後も可愛がっていただいたそうです。

しかし、臘八摂心は四十の体には堪《こた》えたと師僧はいわれていました。二十代の大学を出たばかりの僧が樫《かし》の木で思い切り叩くため、最初は肩がミミズ腫れになり、その後、血が出てきて、最後はタコができて固くなってきたというのです。相手が四十歳であっても一切容赦なしで、叩かれると肋骨まで響いて体を起こせなくなったといっていました。

その大徳寺の老師は晩年、癌になって病院に入院しました。死期が近いというので師僧も含めてお弟子さんたちが病院に集まりました。すると老師は「坐禅を組んだ格好で死にたいから足を組ませてほしい」といいました。それで弟子たちが老師の体をベッドから起こして足を組ませようとするのですが、もう体力が落ちてしまっていますから、身体が伸びて、じっと坐った状態でいられないのです。老師はそれを非常に嘆き、残念そうな顔をして亡くなっていったそうです。

その話を聞いて、禅僧の生き方とはこういうものなのだなと思いました。そしておそらく、この話はどこの世界でも同じだろうとも思いました。前向きに常に自分自身を高めていこう、人のために役立っていこうと思って行動している人は、死の間際まで前向きなのです。その最期の姿に、若い頃から常に向上心を持って戦い続けたその人の生き方が現われるのではないかと感じるのです。

◉今一瞬を見つめ、今一瞬を生き切る——十二年籠山行を終えて

好相行もそうでしたが、前を見ずに今一瞬を見つめて行に励むことが仏道の修行というものであり、それが悟りに近づいていくことなのだと思います。

人間というものは、どうしても先々を見ようとします。けれども、十二年籠山

行はいくら先を見ようとも、いつ終わりが来るかわからないのです。十二年で終わりなのでしょう？　と思われるかもしれませんが、先に述べたように、そのあとを引き継ぐ後輩が出てこなければ、行を終えるわけにはいかないのです。

必ず誰かが伝教大師にお仕《つか》えしなくてはいけません。浄土院の侍真職は好相行を満じ、自誓受戒した籠山比丘《ろうざんびく》という資格のある者しかできません。そのため、交代の籠山比丘がいなければ、十二年籠山行が満行しても下界に下りることはできず、何年も侍真職を務めなければなりません。

私の場合は、平成二十一年に籠山行十二年目を迎えたときに、渡部光臣師が新たに十二年籠山行に挑んで伝教大師にお仕えしたいと希望されたので、ちょうど十二年で交代できましたが、歴代の侍真の中には十二年を越えて籠山された方が何人もいます。

たとえば、昭和二十七年に私の師僧である堀澤祖門師と交代した太野垣善浄師は十八年間籠山され、下山された年に六十四歳で亡くなられています。まさに一生下りない覚悟を持たなければできない行なのです。

侍真職交代のための儀式に向かう渡部光臣師（最後尾）

そういう行の中にあって、何年先を見ようとすれば、おそらく続かないと思います。それゆえに、今日一日、今一瞬を見つめ、これをどうやって生きるかがすべてなのです。

修行をする、そして生きていくための原動力は「無常」にあることは確かです。人間はいつこの世を去るか、事前に知ることはできません。だから、今一瞬に全力を出さなくてはいけません。そういう生き方をして初めて見えてくるものがあります。それは百年生きるつもりでいたら決してわからないことです。この世が無常であると気づくこと、それが今一瞬を生き切る原動力になるのです。

密教の言葉に「如実知自心」とあります。実の如く自分の心を知る。私はこの言葉が非常に好きで、座右の銘にしています。仏教では自分の心がすべてです。自分の心を見るものは、宇宙すべてを見るものと同じなのです。ありのままに自分の心を知ることが、すべてを知ることなのです。

行の最中に自分が宇宙と一体化する感覚になったことがあります。好相行のところで触れましたが、我というものが残っている限り目の前に仏様は立ちません。無の境地にならなくてはいけないのです。それは自我というものがなくなって初めて到る境地です。

そして自我がなくなってくると、個というものもなくなります。個がなくなるとどうなるでしょうか。自らの意識が地球いっぱい、宇宙いっぱいにまで広がるのです。そのときに初めて、人間というのは小さな個の中に限定された存在ではないのだと、はっきりと悟ることができました。

平成二十一年九月十一日、私は天台座主より交代の辞令をいただきました。お祝いの会食をしたあと、浄土院において渡部師に引き継ぎに関する書類、御廟の鍵、阿弥陀如来のお厨子の鍵を渡し、引き継ぎを完了しました。とくに秘伝である伝教大師ご自作の阿弥陀如来のご開扉は侍真職交代のときにしか行なわれません。しかも二人だけで行ないます。私と渡部師とで阿弥陀如来のご尊像を確認して、鍵を渡しました。

こうして無事に引き継ぎが終わると、私はその日のうちに荷物をすべて比叡山山麓の戒蔵院に運び、下山しました。このときは、籠山行を終えて一つの区切りがついたという気持ちでした。不思議と達成感は湧いてきませんでした。一生が修行であり、死ぬまで自分の精神レベルを上げていくという目的がありますので、ある一定の期間が終わったからこれでいいという気持ちにはならなかったのです。これからあと、どれだけ前向きに進むかが大事なことであり、籠山行も私の精神レベルを上げる一つの試みに過ぎないのです。それが無事に終わったというだけの話なのです。

◉二十年ぶりに故郷に帰る

二十年ぶりで比叡山から山麓に下りたとき、まず感じたのはスピードの違いでした。車に乗って移動したのですが、普段は歩くスピードでしか周りの景色を見ていないため、車のスピードに動体視力が追い付かず、景色をはっきりと捉えることができないのです。

視力の衰えに対して、嗅覚は鋭くなっていました。山麓に下りてすぐに感じたのは、どこに行ってもニンニクの匂いがすることでした。長年、比叡山の澄んだ空気を吸い、精進料理しか口にしなかった私の鼻には、ニンニクの匂いはあまりにも強烈でした。また、味覚は嗅覚に伴い、魚や肉は生臭くてすぐには食べられませんでした。

何より苦労したのは人との会話です。籠山中は外界の情報が一切入ってきませんでしたので、まったく話題についていけません。まさに浦島太郎状態でした。

また籠山中は人との接触がほとんどなかったため、コミュニケーションができず、思っていることが的確に伝えられませんでした。修行中の体験を話してほしいと頼まれるのですが、うまく表現できないのです。

今の子供たちは家の中でテレビ・パソコン・携帯電話・ゲーム等に向き合う時間が多くなっている分、人との会話が少なくなり自分の感情を伝えるのが下手になったといわれますが、私にも同じことが起きていました。

満行の翌日、前年に亡くなった母と実家にいる父、姉に満行の報告をするため、私は故郷である室蘭に飛行機で向かいました。チケットの買い方さえ忘れている私のために、当時比叡山の職員であり、同郷であった坂本氏が同行してくれました。二十年ぶりの娑婆《しゃば》で、久しぶりの旅行です。すべての景色が鮮《あざ》やかに目に飛び込んできました。その美しさに見とれる一方で、その変化に改めて二十年という時間の流れを感じました。

故郷の町は私が最後に見たときとは違い、さびれた街並みに変わり果てていました。それでもただただ懐かしい気持ちでした。商店街はシャッターが閉まったままになっている店舗が多くなりましたが、山も海も橋も変わりません。学校も校舎は変わりましたが、元の場所にありました。実家は建て替えをしていたため、初めは気づかず通り過ぎてしまいましたが、やはり同じ場所にありました。

父と姉に会うのは二十年ぶりです。顔や姿に面影はありますが、その姿には時の流れを感じました。出家したときに二十二歳だった私が五十歳になっているのですから、それも無理はありません。母はすでになく、お骨という変わり果てた姿になって仏壇に納められていました。

故郷から比叡山に戻ると、師僧に満行の挨拶をいたしました。その後、兄弟弟子が集まってお祝いをしてくれました。延暦寺からは三週間ほどのお休みをいただきましたが、荷物整理にすべての時間をとられて終わりました。

十二年籠山行を満行し、一時のお休みを経て、私はまた自らを高める修行の日々に戻りました。ただ、これからは自分のことのみならず、周囲の人々、あるいは日本という国のためにできることをしていかなければならないという気持ちが高まってきていました。籠山行は世間から隔絶された環境で自分の悟りを求める自分だけの行、すなわち自行《じぎょう》ですが、いよいよこれから人のために尽くす行、化他行《けたぎょう》が始まるのだと思いました。

◆コラム3　千日回峰行の歴史

千日回峰行は、現在は十二年籠山制度の中に組み入れられていますが、もともとは無動寺谷という比叡山の南の端にある谷を中心として独自に行なわれていたものです。その行の創始者は相応和尚《そうおうかしょう》という、慈覚大師円仁のお弟子さんだった方です。

相応和尚は十五歳で比叡山に登り、十七歳でお坊さんになりました。二十五歳のときに十二年の籠山に入り、師僧の慈覚大師から不動明王法や護摩法《ごまほう》を受け修習しました。ところが、相応和尚は、とある事情から十二年の籠山を終える前に山を下りなければならなくなりました。

第一章でも述べたように、平安時代にはお坊さんになるための国家試験がありました。朝廷から役人が来て行なう、お経の読み方や内容についての試験をパスしなければならなかったのです。お経は漢字で書かれていますから、それが読めないことには学問はできませんし、当然、お坊さんにもなれなかったのです。

当時は、国家安泰を図るための道場として、国分寺とか国分尼寺というお寺が全国にありました。それらを中心に、優秀な僧を育てるために国も非常に力を入れていました。しかし、学問をするにはお金がかかります。そのため、伝教大師の頃に、国家に申請すれば一つの寺につき二人ずつまで助成金が出ることになりました。けれども、十歳ぐらいの小僧のときからお寺で修行をしていくためには生活費も必要です。また、得度にもお金がかかります。それらのお金の面倒を見てくれたのは、貴族のスポンサーでした。

相応和尚にも、ある貴族が「私の代わりに修行をして立派な人間になれるように頑張ってください」ということで資金援助をして応援してくれていました。しかし、相応和尚が十二年籠山に入って修行しているとき、その貴族の奥さんが病気にかかりました。その人はたくさんの寺院で小僧のスポンサーをしていましたから、それらの人たちを呼んで拝んでもらうのですが、奥さんの病気は一向によくなりません。そこで相応和尚に祈祷の依頼をするのです。

しかし、相応和尚は「籠山中だから」と依頼を断りました。そのとき、慈覚大師が「人としての道は通さなきゃいけない。行ってきなさい」と相応和尚を諭し

平成三年に体験した百日回峰行（中央が著者）

ます。師僧の言葉に背くわけにはいきません。相応和尚は山を下りて貴族の家に行き、病気の奥さんの祈祷をしました。すると、もともと法力のあった方ですので、拝んだらたちまち病気が治り、貴族は大喜びしました。

けれども、山を下りた時点で籠山は終わりです。もう一度、やり直すことはできません。そこで相応和尚は代わりに他の行をしようと考え、千日回峰を始めたといわれています。さらに、千日回峰行が終わると今度は比良山《ひらさん》の向こうにある葛川《かつらがわ》まで行って籠って修行します。それが葛川明王院の始まりになります。この葛川での修行によって相応和尚の法力はさらに強くなって、多くの人を救うようになるのです。

そういうわけで千日回峰行はもともと比叡山に伝統の行としてあったわけではなく、相応和尚の行を基本として確立されていったのです。また、行の拠点となった無動寺も、もともとは比叡山に属していませんでした。無動寺は身分にとらわれなかったため、伝説では親鸞聖人も無動寺に行って千日回峰行をやったといわれています。千日回峰行は別行であったため、身分に関係なく行に入ることができたのです。

無動寺はのちに比叡山に組み入れられてその一部となっていきますが、それでも回峰行は十二年籠山行とは切り離された、一つの別行として続けられました。千日回峰行が十二年籠山制度の中に組み入れられたのは戦後になってからのことです。

第五章

一隅を照らして生きる

◉若い人たちに日本の心を伝える

十二年籠山行を平成二十一年九月に終えて五年が経ちます。今、私は十二年の間、山に籠もって修行したことを通して、世の人々のために何ができるかと考えて日々を過ごしています。

自分の行を通して得たことを伝えたい思いもありますし、山から下りたあとで私が見て考えた今の日本に足りない部分を伝えたいという思いもあります。今、私は比叡山の居士林《こじりん》研修道場の所長を務めていますので、ここに一泊二日や二泊三日で研修に来られる方たちに、そうした私の思いや考えを伝えています。

研修に来られる方たちは企業の新入社員が主ですが、学生の研修も増えています。最近はインターネットのホームページで「坐禅、写経を体験しませんか」とPRをしているために、学校や個人からの問い合わせが増えています。学校の場合であれば旅行会社が間に入り、修学旅行の一環として坐禅体験ができないかといった問い合わせもあります。

今でも学校によっては宗教的なものを嫌うところもありますが、昔に比べると宗教と教育のかかわりをゆるやかに考えるようになってきているようです。また、こちらも極端な宗教色は出さないように注意しています。

とくに今の若い人たちは厳しいだけではついてこられませんから、中学や高校の修学旅行で坐禅を行なうときには、言葉遣いも丁寧に、わかりやすく説明していいます。体験して面白いなと感じてもらい、宗教に興味を持ってもらえるような工夫をしています。

会社が新入社員を送り込んでくる目的をお聞きすると、規律や礼儀あるいは社会の厳しさを教えてほしいという意見が大半です。私としては、それに加えて、お寺の独特の作法、お坊さんの修行を体験していただくことによって、自分を見つめ直す機会にしていただきたいと考えております。この居士林が開かれた目的もそういうことなのです。

仏教は伝統的なものとして、日本では遥《はる》か千年以上前から続いています。しかし、そういった日本の文化あるいは思想的なものを含めた良さというものに今の若い人たちはあまり関心がないようです。現代的な欧米社会の文化や思想が中心の生活になっているせいでしょうか、日本のよいところが忘れ去られてしまっています。

すでに述べましたが、私は北海道の出身です。北海道の風習というのは本土とはどこか違うところがあります。お祭でも雪祭とか流氷祭というようにイベント色が強くて、日本伝統の祭りといった感じがあまりしません。ですから、京都にいると日本的な心を感じさせるものがたくさん残っているなぁとしみじみ感じます。

北海道の公立高校のほとんどは修学旅行で奈良・京都にやって来ます。比叡山までは来ませんでしたが、修学旅行のときには、日本らしさというものがここにある、と感動したことを憶えています。そんな私が比叡山で僧侶になったというのも不思議なご縁です。導かれてここに来たという感じが強くします。

私の若い頃とは違って、今は時間の流れが非常に速くなってきています。若者たちはとても忙しそうにしていて、じっと一つのことを深く考えるのを非常に苦手にしています。慌ただしいがゆえに自分自身を見つめる機会を失って、迷っているようにも見えます。

そういう時代の中にあって、あらためてこういった道場で白紙の心になって日本の原点に触れていただく。それが研修のメインになっています。

一泊二日の研修では、最初にこちらからお寺の作法や修行のやり方について説明をし、それを実践していただきます。休憩時間がほぼないようなきっちりとしたスケジュールが組まれていて、それを次々とこなしていきます。

食事は全員一斉に始めて一斉に終わります。お風呂も何時何分に部屋から出て十分で入って部屋に帰ってくると決まっています。就寝は眠くても眠くなくても何時に寝ると決まっていますし、朝は五時に鐘が叩かれて起こされ、布団だけ畳んで着替えて洗面してすぐに坐禅が始まります。

追われるように時間を過ごしますので、終わったときは大半の人がホッとした顔をしています。同時に、人から抑え込まれて自由にできないつらさを知るようです。普段は食べたいものはいくらでも食べ、夜は好きなだけ起きていられるという生活を送っている人が多いので、ここで窮屈《きゅうくつ》な体験を積むと、いつもどれだけ自分が裕福な環境で過ごしているのか、ご飯が自由に食べられるというのはなんてありがたいことなのかと気づくのです。

外からいくらアドバイスをしたり注意をしたところで、その人の心の内側まではわかりません。それどころか、自分でも自分の心がどういうものなのかわからない人のほうが多いかもしれません。しかし、それがわからないと何も変わりません。ですから、ここでは実践を中心として体験を積んでいただきます。坐禅止観あるいは写経といったものを通して、自分自身の心を見つめていただきます。

坐禅であれば、吸う気、吐く息に従って数を数えてもらいますが、わずか三十分の間も数を数えることができません。写経であれば、慣れない正坐をしてやりますのでとにかく足が痛い。すると、そちらに気が散ってしまって静かに筆を持って墨で字を書くことができません。心がそれだけ動いているということです。

坐禅や写経はこの研修の一回だけで終わってしまう方がほとんどでしょうが、

実は研修に来る方たちが一番関心を持ち、また「勉強になった」と口を揃えていうのは食事作法です。

食事中はずっと正坐です。一時間も坐っているわけではなく、わずか十分か十五分ぐらいのものですが、苦しくて脂汗を流しながら食べている人もいます。しかも、お寺では食事の間は物音一つ立ててはいけません。食器を置くときのカチッという音も出してはいけないので、大変な緊張感の中で食べなくてはいけません。皆さん、最初はほとんど味がわからなかったといいます。中には緊張しすぎて戻してしまう方もおられます。

食事が済んだら各自お茶で食器を洗ってもらいますが、きれいに洗えなければやり直しもあります。こうした体験をすると、普段当たり前のようにしている食事なのに、いかに自分の心が乱れ動くのかと気づきます。自分だけ食べるのが遅いとか、正坐が持たないというように、自分の弱さも見えてきます。

こうした苦痛を体験して、日常生活を送る中で気がつかなかった自分の心の弱さや欠点に気づいていただく。これが研修の一番の大きな目的と私は考えています。初めてづくしの体験の中で、参加者は戸惑いも含めて気がつかなかった自分があれこれ出てきたといいます。ありがたいことに、体験してよかったという方がほとんどです。

もちろん、こちらもよかったと思っていただけるように指導をしていますが、一方的に教え込むのではなく、自ら考えて行動していくというスタンスを取りながら学ぶため、はっきり自覚できるほど成長した自分を感じることができるようです。今後もこのような研修を通して、若い人たちに日本の心というものを伝えていきたいと思っています。

◉自分が変わること、それが人間関係改善の第一の方法

この世の中の大きな悩みの一つに人間関係の悩みがあります。何かの拍子に人とぶつかってしまうとか、ほんの些細なことで人間関係が悪くなるという経験は、誰しも一度や二度はしているのではないでしょうか。私自身、在家の頃には我が

きつく、自分を守ろうとする自意識が強かったため、人間関係がギクシャクしてしまったという経験をしています。

人とぶつかるというのは、相手が悪いのではありません。自分が相手にぶつかっていっているだけの話です。しかし、それを認めたくないから人のせいにするのです。「あの人の言い方が悪いんだ」「ああいう態度を見せるのが悪いんだ」と、いろいろな理由をつけて相手を非難します。

そうしたときには見方を変えて、矢印を自分に向けて、自分の言葉遣い、態度、気持ちといったものを点検してみるといいでしょう。

他人は自分を写す鏡とよくいいますが、それは本当だと思います。たとえば、野生の動物はほとんどが人間を怖がります。熊といえども人を襲うのはよほど腹が減って飢えているときに限られます。そうでなければ、偶然に人と鉢合わせしてしまい、恐怖から襲ってくるのです。だから山に入ったらラジオを鳴らすとか、鈴をぶら下げて鳴らしながら歩けば熊は近づいてきません。

聖者が虎に慣れ親しむという話が仏教の中に出てきます。この話は、人間から恐怖心を取り去ったら、どんな動物でも慣れて近づいてくるということを教えています。結局、こちらが相手を恐れるからその波動が相手に伝わり、相手もこちらを恐れ、自分の身を守るために襲いかかってくるのです。相手を嫌うから、相手から嫌われるのです。人間関係の衝突というのは、おおよそこれが根本原理になっていると考えていいでしょう。

だから、相手が悪いのではなく、自分が変わればすべて変わるのです。相手を変えようとするのはなかなか難しいと思いますが、自分が変わるのは自分次第です。我を捨て去る努力をすれば、自分は変わります。そのために坐禅や写経といった仏教の修行を活用するのも一つの手であろうかと思います。

◉得度をすると必ず運がよくなる

では、人ではなく、困難や障害が襲ってきたときにはどうすればいいでしょうか。こういうときは諦めずに突き進むことです。人生がうまく回転していく人となかなかうまくいかない人の違いの一つは、困難や障害と出遭ったときにどういう気持ちで対処するかです。何回壁にぶち当たろうと立ち上がって前進しようとする気持ちがある人は、ひとたび壁を乗り越えると大きく成長するものです。しかし、壁に当たるたびに「私は運が悪い」と思ってしまう人は、なかなか人生が開けません。

確かに人間には持って生まれた運というものがあると思います。それは前世で培ってきたもの、というのが仏教の考え方です。そうした過去は今さら変えようがありません。しかし、自分の行動によって現世での運を少しずつ転換していくことはできます。

どうすればいいのかというと、善行を積み重ねて徳を高めていくのです。そうすれば運は少しずつ上を向き始めます。最初のうちは気づかないかもしれません。しかし、天秤計り《てんびんばか》の二つの皿の軽いほうに少しずつ物を載せていくと、ある重さで平衡になり、それを越えると一気に位置が逆転するように、よいことをコツコツ積み重ねていくと、あるとき突然のように運が好転し始めます。

仮に持って生まれた運がマイナスであったとしても、諦めずに善行を積んでいけば必ず運はよくなります。そして、ひとたび幸運が舞い込むと、次々に良いことが起こるようになります。

やってもやっても運が開けないと感じるときもあるでしょう。でも、それでも「もう少し、もう少し」と諦《あきら》めずに頑張っていけば、必ず運勢が逆回転するときがやってきます。そこまで頑張れる人が、人生において自分の花を咲かせることのできる人です。

仏教界ではよくある話ですが、才能があって高いレベルまで到達したスポーツ選手や芸術家がスランプに陥《おちい》ってお寺へ来ることがあります。そのときにお寺では「仏教の勉強をして得度してみませんか?」と、お坊さんになることを勧めます。なぜかというと、得度をしてお坊さんになると名前が変わります。すると運勢も変わってくるのです。それとともに仏教の勉強もしますから、世界観が広がって運がよくなります。

在家から来て感じることですが、お坊さんになると間違いなく運がよくなりま

伝教大師の命日に行なわれる長講会で献茶をする

す。他の在家から来た人に聞いてもうなずきます。得度をしたあとで持病が治った人もいますし、いいことが一つ二つと訪れるようになります。

根拠ははっきりわかりませんが、俗に「一族から一人お坊さんが出ると、その出家したお坊さんを中心に前後九族が救われる」といわれます。あるいは、「自分の父母をはじめ、七代前までの父母まで遡りすべて救われる」ともいわれています。

逆に、その家の跡取りとなる男の子が生まれなかったり、まったく子供に恵まれなかったり、次々と病気で子供を失うといったような一族衰退が続くと、その家からお坊さんになる人が出てくる。すると出家の功徳と先祖供養の功徳のお陰で、また一族が繁栄し出すという話も聞いています。

いわれてみると、私の周りのお坊さんで在家出身の方を見ると、確かに一族が衰退している家庭が多いようです。私の一族もそうです。本家の跡取りは失踪して行方不明、分家の子供は女の子ばかりが多い。その中で私が出家得度したわけです。

仏教では五戒（不殺生《ふせっしょう》・不偸盗《ふちゅうとう》・不邪淫《ふじゃいん》・不妄語《ふもうご》・不飲酒《ふおんじゅ》）を受ければ二十五の善神が常にその人を守り、十戒（不殺生・不偸盗・不邪淫・不妄語・不飲酒・不《ふ》塗飾香鬘《としょくこうまん》・不歌舞観聴《ふかぶかんちょう》・不坐高広大牀《ふざこうこうだいしょう》・不非時食《ふひじじき》・不蓄金銀宝《ふちくこんごうほう》）を受ければ過去の重罪はすべて滅するといいます。確かに得度した日から私の運勢は自分でも明らかに感じられるほどよくなりました。

得度をするだけでそれだけの徳があるというのですから、運勢が変わるのは間違いないといっていいでしょう。実際にスポーツ選手や芸術家が得度をして道が開けたという話をよく聞きます。自分は運が悪いと思っている人は、得度をしてみることを本気で考えてみるのもいいかもしれません。

◉物質世界から精神世界へ、時代は移る

仏教の発生地インドでは、三千年も前から今日に到るまで、バラモン教・ジャイナ教・仏教・ヒンズー教・キリスト教など多数の宗教が信仰され、多くの聖者

が出現してきました。

聖者とは「自分は何者か」「生とか何か」「死とは何か」といったことを考え続け、ついにその究極の答えを悟った人をいいます。普通の人でも自我が目覚める成長期の頃には同じような問いを自らに発することがあります。ところが、二十歳を過ぎる頃になると食べて生活することを考えなくてはなりませんから、朝から晩まで「自分とは何者か」などと考えてはいられなくなります。しかし、この命題を捨てずにどこまでも追い求めていって、最終的に悟りに到る人がいます。それを聖者というのです。

悟るためには何が必要かといえば、やはり自分の精神レベルを上げなくてはいけません。そのためにお坊さんになって修行するのですが、全員が全員、お坊さんになるわけにはいきません。お坊さんになれない人はどうすれば悟りを得られるのでしょうか。

自分もそうした悟りを得たいと考えた一人のヒンズー教の信者が聖者にこんな質問をしました。

「私は頭も悪いし、信仰心も薄い。しかし、少しずつでも精神レベルを上げていって、最後には神を悟りたい。一体どうしたらいいでしょうか？」

この質問に対して聖者は二つの方法があるといいました。

「一つは高徳の人に付きなさい。そうすれば必ずあなたの精神レベルを引き上げて、最後は必ず神に会わせてくれるだろう」

「では、そういう人と出会う縁がなければどうすればいいのでしょう？」

と信者が聞くと、聖者は答えました。

「高徳の人が見つからなければ、霊地・聖地といわれる場所を訪れなさい。その場所は数多くの修行者が悟りを開いたところであり、目には見えないが独特の波動が流れている。そこに行くだけでなんらかの影響を受け、いつか必ず悟りを得ることができるだろう」

聖者はこの二つの方法が、遠回りのように見えて実は悟りを得るための一番の近道であるといいます。

ヒンズー教の聖地、キリスト教の聖地、イスラム教の聖地、仏教の聖地、道教の聖地、神道の聖地というように、世界中に霊地・聖地といわれる場所は多数あります。これらの聖地には今日もなお多くの人々が巡礼に訪れます。二十一世紀にあっていまだに聖地巡礼がなくならないのは、人間に悟りへの期待感がある証拠なのかもしれません。

唯物論によって育ってきた現代の人たちは、目に見えない波動を感じ取る力が弱まっています。それでも何度も繰り返し聖地へ行けば、必ず精神レベルを上げるチャンスがいただけます。現実に、重い病気を抱えている人が巡礼をすることによって病気が治ったという奇跡が現在でもたくさん起きています。

インドの聖者がいうように、そういう場所に行くことは確かに精神レベルを引き上げるために一番手っ取り早い方法なのです。お坊さんになって死ぬほど頑張って十年二十年と修行しても、精神レベルは半歩上がるか一歩上がるかです。それを一般の人が行なうことはなかなか難しいでしょう。

また、お坊さんであっても肉体的な限界がいずれやってきます。いつまでも厳しい行ができるわけではありません。そうなったときにはどうすればいいのか。

そう考えると、聖地巡礼のような方法も一つの行として大事にする必要があると感じます。大切なのは自分の精神レベルを引き上げるきっかけを得ることで、その方法は問う必要はないように思います。

私の知人の一人は神も仏も信じない無神論者でした。ところが、インドの聖地を訪れたことがきっかけとなり、今まで信じなかった霊的世界が忽然《こつぜん》と見え始めたそうです。日本に帰って来てからも見え続けたために仕事が手につかず、菩提寺の住職になんとかしてほしいと相談したところ、「この数珠《じゅず》を身につけておきなさい」「このお守りを肌身離さず持ちなさい」「この御札を家に貼っておきなさい」といわれました。以前はそんなことは気休めや嘘だと思って信じていなかったのですが、いわれたとおりにしてみると明らかな効力があり、信じざるを得なくなりました。それで彼は今では敬虔な仏教徒になっています。

日本では無宗教の人が増え続けて、目に見えるものしか信じない人もたくさんいます。その一方で、神や仏を直接見たことはなくても、多くの人が神社仏閣にお参りに行きます。それによって恩恵を受けている人もたくさんいます。

今では神社仏閣をパワースポットと呼び、目に見えない波動を受けて元気をもらおうと、パワースポット巡りをする人が増えています。言葉は変わっても、その意味するところは昔と少しも変わりません。

日本人は千年以上続いた精神文化に再び目覚め始めているのかもしれません。目に見える物質中心の世界から目には見えない精神世界へ、時代の潮目は大きく変わりつつあるように感じます。

◉煩悩を悟りに変えていくことを目指した大乗仏教

仏教を開かれたお釈迦様は、この世に生きることは苦だといわれました。ならば人間はなぜ生きるのか。その意味は、教えの中で時代とともに変わっています。

今現在、お釈迦様と同じやり方で修行をしているのは、タイ、スリランカ、ミャンマーといった小乗仏教の国です。これに対して日本は大乗仏教といわれています。大乗とか小乗というのは「菩提《ぼだい》」つまり「悟り」の考え方の違いによります。どうしてそういう違いが出てくるようになったのでしょうか。

お釈迦さまが入滅して時代が経つとともに、お釈迦様やその直弟子のような立派な人がなかなか出てこなくなり、煩悩が多すぎて悟りに到らない人がたくさん出てくるようになりました。そういう時代になると、お釈迦様の頃のように苦行をして煩悩をすべて削り取って悟りを開くのは難しいと考えられるようになりました。それでも修行をしていくにはどうすればいいのかと考えたところ、煩悩を肯定して進む道があるのではないか、という見方が出てきました。

それが顕教《けんぎょう》では法華経の教えとなり、あるいは密教の教えとなりました。これらは欲を肯定して、人間の煩悩をそのままに修行を通して変化させていくことを目指しました。煩悩をなくすのではなく、煩悩を菩提（悟り）に変えようというわけです。ですから天台宗あるいは真言宗の教えでは、煩悩即菩提といった考え方をします。

これをいいかえると、この世はすべて苦であるという小乗的な考え方から一歩進んで、苦難をいかにして自分の悟り、あるいは精神レベルを上げるために用いることができるかという方向に変化したわけです。そう考えて修行をすれば、自分の行く道がもう少し楽になるのではないかというのです。

逆に見れば、そうでも考えなければ、煩悩が多すぎていくら修行を積んでも悟れないし、そんな修行などやめてしまおうということになりかねなかったのでしょう。それでは仏教を学ぶ意味がありません。そこで、前向きに煩悩を利用して道を進むという大乗の考え方が主流になってきたのです。実際、それが今の時代にふさわしい道だと私も思います。

◉宗教を知ることがよりよく生きる智恵となる

私はご縁がありまして仏道に入り、好相行という形で仏様に会うという修行をさせていただきました。仏道に入る前の私は、戦後の欧米社会の考え方に基づいた教育を受けていました。その教育は自分の道は自分で切り開いていくといった考え方が強く、私自身もそういった考え方でやってまいりました。

そのために、学校ではいかに頭を使うかという訓練を積みました。五時間も十時間も頭を働かすための訓練を積み、受験競争なども頑張ってきました。

ところが、仏教の世界では、私が続けてきた頭を使うだけのトレーニングはまったく無意味でした。無意味どころか、大きな障害になりました。すでに述べたように、好相行では思考能力が止まって頭が真っ白になり、さらに心が真っ白になって無我の境地に到ったとき、ようやく仏様を見ることができます。頭で考えている限り、仏様は現われてくれません。

この行は禅の影響を受けています。禅というのは禅宗そのものを指しているのではありません。禅宗が生まれる以前に、天台大師はすべての仏教を「禅」という言葉で統一したのです。そこから日常生活のすべてが禅であるという考え方が生まれました。

禅の中ではいろいろな瞑想をします。日本でとくに顕著なのは「無」の瞑想法《めいそうほう》です。皆様方に「今、仏教国というとどこを思い浮かべますか？」とお聞きすると、タイ、スリランカ、ミャンマー、チベット、インドといった国々の名前が挙がります。ところが、これらの国の仏教には「無」の瞑想法はありません。それがあるのは日本の禅だけです。

なぜ他の仏教国では「無」の瞑想法がないのかというと、それが非常に危険だからです。人間は「無」になると思考能力が働きませんから、入ってくるものの善悪を判断しません。そうやって徐々に心が真っ白くなって無我の境地に到るのですが、「無」というのは空っぽですから、もしもそこに魔が入ってくると心は悪に染まります。

ご存じのように、これを犯罪に用いたのがオウム真理教です。入信すると一週間ぐらいはまともに寝させなかったといいます。そうすると当然、思考能力が鈍ります。頭が真っ白になり、やがて心が真っ白になってきます。そのときに強い言葉で暗示をかけるのです。すると信者は、それをあたかも神の啓示のように感じます。「自分は神の啓示を受けた」「自分は神の代理だ」と信じてしまうのです。これがマインド・コントロールと呼ばれる方法です。

こういう危険性があるから、他の仏教国では「無」の瞑想法はやらないのです。

日本においても正しい指導者につかずに無の境地を求めるのは非常に危険です。これは是非とも知っておいていただきたいところなのですが、日本ではそれを学ぶ機会が非常に限られています。

戦後の日本の教育は欧米、とくにアメリカの教育をベースとして、宗教を政治からも教育からも切り離しました。そのために無宗教の人がだんだん多くなり、神仏を信じないという日本人が増えてきました。

それでも伝統的に日本人は道徳観念が強いため、大震災が起きても暴動は起こらず、世界から賞賛されました。けれど、本来はそれだけでは不十分なのです。他の諸国に行きますと、宗教を持たない人は人間扱いしてもらえません。なぜかといえば、他国では宗教は自分の精神レベルを上げるためのものと捉えられているからです。それを何も持っていないということは、私は精神レベルを上げる気がありません、といっているようなものなのです。

宗教に関心を持たなければ、宗教のいい面も悪い面もわかりません。うまく使えば集中力が高まったり、禅の知恵によってシンプルながら豊かな生活が実現します。逆に失敗すれば、マインド・コントロールされてオウムのような事件を平気で起こすようにもなります。

そういう両面があるということは、宗教そのものを知らないとわからないことです。物事には必ず両面があるということを宗教においても知っていくことは、よりよく生きるためには欠かせない智恵といっていいのです。

◉心を止めて観察すれば正しく物事を見ることができる

人間の直感力というのは思考を止めなければ出てきません。だからヨガなども、思考を止めるために瞑想を行ないます。わざわざ思考を止める訓練をするなんて、頭を使う訓練しかしてこなかった人間には理解できないことでしょう。

人間の脳を働かすには、大きなエネルギーが必要です。私たちは一日三食のご飯をいただきますが、そこで摂取したエネルギーの大半を脳で使っています。脳の働きを止めると、このエネルギーはすべて体に向かいます。私はそれを好相行で身をもって体験しました。これほどまでに？　と驚くぐらい体に力が充満してくるのです。

ですから、高僧とか聖者になればなるほど、寝ないでもフルに活動ができるのです。わずか十分か二十分瞑想して頭の回転を止めれば、一日や二日寝ないでも平気なほどのエネルギーが体に溜まります。彼らが二十四時間寝ないでもエネルギッシュに活動できるのは、そこに秘密があるわけです。

本格的な瞑想でなくとも、たとえばご先祖様に手を合わせる、神仏に手を合わせるということをするだけでも効果があります。なぜならば、祈りを捧げるとき、人間は無心になっているからです。

戦後は核家族になっていって、祖父母と一緒に暮らす家が少なくなりました。そのため、仏壇や神棚で合掌する機会もなくなってきました。比叡山にやって来る観光客を見ても、下手をしたら六十代、七十代の人でもお堂の前で手を合わせません。中の仏像や建築物をキョロキョロ見ているだけなのです。日常生活の中で祈る習慣が失われている証拠でしょう。

毎日お祈りを繰り返していると気持ちがほっとします。そういう時間を五分でも十分でも持つことを私はお勧めします。普通の生活をしている人に一日一時間坐禅をしてくださいといってもできるものではありません。でも、ほんの少しの時間だけ祈るということなら心掛け一つです。

心が静まると気持ちが落ち着きます。心にゆとりが生まれます。そうすると、自分にたくさんのものが与えられていると気づき、それに感謝しつつ、それぞれの仕事や立場で今一瞬を生き切ることができるようになります。それは間違いなく悟りに近づいていく道だと思います。

天台宗では禅のことを「止観」といいます。止観とは「止める」と「観る」の二つのバランスをとることです。心を止めることで初めて定まった精神で明らかに物事を観ることができるようになるのです。また、これには先に述べた脳の働きを止め、体にエネルギーを漲らせる効果もあります。

これに対して、現代社会に生きる人たちの中には、一所懸命勉強して頭の智恵はよく働くけれど心が乱れて定まらないでいる状態の「狂」の人たちが多くいます。今は学校でも道徳を学ぶ機会が少ないために、子供たちの心はなかなか定まりません。ただ知識だけを教え込む教育というのは、宗教の世界から見れば、頭だけ賢くして心が乱れた「狂」の人をつくっているに等しいのです。頭ばかり使っているから、体も心も弱くなってしまうのです。

ただ、心の部分は非常に素晴らしいけれど勉強をしないというのもいただけません。こういう人を「愚者」といいます。やはり勉強をしなければ、人間は向上していきません。心だけすぐれていても不十分なのです。

頭と心の両方のバランスがとれたとき、初めて人間の精神レベルは上がります。今の日本の教育を見ると、そのバランスがまったく崩れています。狂人ばかりをつくろうとしています。

これはアメリカの影響を受けた戦後教育の副産物ともいえるかもしれません。情操教育や道徳教育をないがしろにした当然の結果だと思います。

◉一隅を照らす――伝教大師の教えから、今、学ぶこと

天台宗では標語にもなっておりますが、「一隅を照らす運動」を行なっています。これは伝教大師の『山家学生式』の中にある「国宝とは何物ぞ、宝とは道心なり。道心ある人を、名づけて国宝と為《な》す。故《ゆえ》に古人の言わく、径寸《けいすん》十枚、是《こ》れ国宝に非《あら》ず、一隅を照らす此《こ》れ則《すなわ》ち国宝なり」から採られています。「一隅を照らす」という言葉は今日では非常に有名になってきて、「一灯照隅《いっとうしょうぐう》」というように使われたりもしています。

この言葉のもともとの根拠は中国の故事にあります。故事に「千里万里を照らす武将」という表現が出てきます。「千里万里を照らす」ほどの人物とは、世界的に知られた有名人、大人物です。そういう大人物になって多くの人に影響を与えることは素晴らしいことでしょう。

しかし、伝教大師が注目したのは、そういった千里万里を照らす大人物を一人、

二人とつくることではありませんでした。それよりも自分に与えられているポストでベストを尽くし、それによって周りの人間を癒したり導くことのできる人間を数多くつくるほうが価値があると考えられたのです。

「どんな人間でも自分のポストに対してベストを尽くすことで、周りの人たちを照らす人物に必ずなれる。大人物が一人出るよりも、そういう人間が千人、万人、百万人集まるほうが日本の社会は平和であるし、世界は平和である。だからそういう人たちを集める道場をこの比叡山につくりたい」

大師はそういう思いを抱かれたのです。

百年に一人の大人物が出たから世界が変わるのかといえば変わりません。世界が変わるためには、周りの人たちを照らす人たちが山ほどできることが必要なのです。そのため大師は「一隅を照らす」ことに重点を置いたのです。

そうした大師の考えを受け継いで、天台宗では今日も「一隅を照らす」を標語にして、その実践として自分の仕事や自分の置かれた立場で精いっぱいできることをする人をつくる運動を展開しているのです。

伝教大師は「真俗一貫《しんぞくいっかん》」といっています。「真」はお坊さんの世界、真理の世界、「俗」は一般の人の世界、世間です。「真俗一貫」とは、お坊さんの世界と一般の世界は一体であり、同じ道を歩んで貫き通すものがあるということをいっています。お坊さんだけに通じるような真理なら何も価値がないのです。本当に価値あるものとは一般に対しても通じるものでなければいけないと伝教大師はいわれています。

これはお坊さんの世界だけでなく、一般の世界においても通用する、まさに真理の言葉であろうと思います。

では、今、日本人が真俗一貫して求めるべきものはなんでしょうか。

伝教大師の言葉に「道心」とあります。これは求道心のことです。この道の心を日本で一番最初に広めたのが伝教大師でした。この「道心」という言葉を発端として、剣道、柔道、華道、茶道といった道の文化が日本に興ったのです。

こうした文化の特徴は、技術ではなくて精神を重んじるところにあります。ですから、剣道や柔道の道場には神仏を祀り、礼に始まり礼に終わるのです。技術だけを学ぶものは剣術とか柔術といいました。しかし「道」がつくときは、必ず精神的なものを求めたのです。これは精進料理を食べるときも、仏道修行をする場合にも、同じことがいえます。

日本人は昔から非常に精神的なものを大切にしてきました。これをもう一度、見直さなくてはいけないと思います。こうした精神文化は日本にしかないものなのです。

一例を挙げましょう。

お寺では線香を立てます。これは仏教国であればどこも同じです。ただ日本に独特なのは、沈香《じんこう》や伽羅《きゃら》の線香があることです。タイ、スリランカ、ミャンマー、インド、チベット、インドなどの仏教国には、伽羅や沈香のお線香はありません。中国や韓国にも衰退していますが仏教はあります。しかし、伽羅や沈香のお線香はありません。

なぜ日本以外にないかというと、沈香や伽羅が非常に高価なものだからです。

そのため、他の国では漢方薬に使っているのです。心臓の薬として非常に効果がある六神丸《ろくしんがん》という漢方薬の中にも沈香の成分が入っています。

ところが、日本ではその高価なものをわざわざお線香に使って、精神統一あるいは先祖の供養のために立てるのです。高価なものでもいいとうことなく、精神を高めることを重んじて使うというのは日本の独特な考え方です。それほど精神的なものを重視してきたのです。

明治の初めぐらいまでは日本の精神レベルは欧米諸国よりも遥かに高かったといわれています。ところが、明治以後は文明開化や富国強兵の必要性もあって精神世界や霊的世界の研究が立ち遅れるようになりました。昭和の、とくに戦後になりますとアメリカの影響が強く、先にも述べたように、宗教と教育が完全に切り離されて日本人の無神論化が進みました。

一方、西洋のほうはその間に目に見えない精神世界の研究が非常に盛んになりました。とくに今日では、現代文明や資本主義経済の行き詰まりを打破するのは東洋の思想であるという認識が広がり、茶道や柔道など日本の道の文化や禅が普及するようになっています。

しかし、日本は相変わらず欧米の建築・音楽・芸術・スポーツなどを盛んに取り入れることに熱心で、伝統的な和の文化や宗教に対してはなかなか関心が向きません。現代の日本人は物質的には非常に豊かになった反面、目に見えないものを非合理的であるとして信じなくなりました。

しかし、本来の日本人は精神的なもの、目に見えないものを大切にし、それを日々の生活の中にも取り入れて暮らしてきたのです。それが世界から称賛された日本文化の源です。私たちはもっと自国の文化に誇りを持っていいのではないでしょうか。

伝教大師から始まった道の文化をもう一度見直し、日本の精神文化を取り戻したいと切に願います。

◉「私とは何者か？」という問いにどう答えるか

昔の日本人は「大和魂」「負けじ魂」「詩魂《しこん》」「心魂《しんこん》」などというように、「魂」という言葉をよく使いました。しかし、今の若い人に魂といってもピンと来ないようです。

今日、欧米社会の影響を受けて「人間は脳がすべて」という考え方をする人が増えています。「脳が死んだら人間は死んでいる。だから脳死を人の死と判定する」といった考え方や、「脳が死んでいるのだから、許可が得られれば臓器移植をしてもいいのではないか」という意見が出てきています。

しかし、仏教には人間＝脳とする考え方はありません。

先にインドの聖者の話をしましたが、聖者は自分を訪れる人たちに一つの同じ質問を投げかけました。「自分とは何者であるか？　自分といって指さしてみなさい」と。そう聞かれたとき、西洋人であれば自らを指さして、名前を告げたり、性格を話してみたり、置かれている環境を話して自分について説明しようとします。けれども、それは人間としての自分の本質ではありません。

そこで聖者はいいます。「あなたたちは脳がすべてだと思っているのではないのか」と。そして、胸を指して「ここには何がある？」と聞きます。西洋人は「心臓」と答えます。

すると聖者はこういうのです。

「そこには目には見えないけれど心というものがある。そして、そこに〝私〟というものがあるんだ」

「私とは心である」といわれて、初めてその西洋人は「人間は脳がすべてではない」ということに気づくのです。

仏教は深い魂の問題を追っていますが、現代人に一番必要なのは、この魂を求めることではないでしょうか。脳がすべてではなく、自分があるのは心（あるいは魂）があるからだということを改めて発見していく必要があると思うのです。

心の問題は非常に難しく、一生かけてもわからないほどです。先にも述べましたが、自分の心を理解するのは宇宙全部を理解するのと等しいのです。そういう意味では果てしない世界ですが、それを一つでも極めていきたいというのが、私のこれからの行になります。

かつてのように難行苦行《なんぎょうくぎょう》をもって悟りに到ることができる年齢でもなくなってきました。一般の方はなおさらです。それでも自分自身と真剣に向き合い、自分の心を深く見つめていけば、悟りは得られるものです。それを皆様方にも試みていただきたいと思います。

そのためにわずかな時間でもいいから自分を振り返る時間を持っていただきたいのです。せっかく人として生まれてきたのです。生きている間になんとか「自分とは何者か?」という問いの答えを摑みたいものです。

◉人間を成長させるもの——すべては自分の中にある

自分自身を知ることで自分の弱さや欠点がわかります。その欠点を一つでも克服していくことが人間として成長していくことにつながります。それと合わせて、良い面を伸ばしていくことが大切でしょう。そのために自分自身を見つめる時間が必要なのです。

先ほどの聖者の話には続きがあります。西洋人がインドの聖者に「今、世界のいろいろな場所で紛争が起きて苦しんでいる人がたくさんいます。それをどう思いますか?」と聞くのです。すると聖者は「世界のことは神に任せておけばいい」と答えるのです。「では、我々は何をしたらいいのですか?」と西洋人が聞くと、聖者は「まず自分自身を知りなさい」というのです。

世界のことは置いておいて、まず自分自身を知る。それが大切だというのです。なぜかといえば、自分を知ることがすべてにかかわってくるからです。世界平和も、自分の成功も、自分を知るところから始まるのです。

人間ですから、ついつい自分の周りに目を向けたくなります。それも身の周りのことだけではなくて、広く日本や世界を眺めてみたくなります。そして、そこで正義に反することが行なわれていれば何とかしたいと思う。それは当然です。

しかし、なんとかしようと思ったところで、現実には一人では何もできません。では、我々には何もできないのか。そんなことはありません。自分自身を知った一人ひとりの智恵を集めて「どうしたらいいのか」と考えれば、解決の糸口が見えてくるように思うのです。それを伝教大師は教えておられると思います。

よく「社会全体を救うのは宗教家の仕事でしょう」という人がいます。ところが、お釈迦様やキリストを始め、ほとんどの宗教は、個人の救済を一番に置いています。それはなぜかというと、すべての問題の源が個人にあるとわかっているからです。

仏教が世界三大宗教の一つに数えられるほど世界中が仏教徒になった時期がありました。しかし、そのときでも仏教のお膝元のインドにはカースト制度があって、身分の違いによって苦しんでいる人がたくさんいました。それどころか、お釈迦様の時代からカーストは存在しているのです。お釈迦様自身は全員を平等に扱いましたが、カーストをなくそうという改革の努力はしませんでした。

宗教家は社会改革者ではありません。社会を変えるのではなく、一人ひとりの

「まず自らを知ることが世界の平和につながるのです」

個人を変えるのです。それが伝教大師の「一隅を照らす」という考え方につながります。一人の大人物をつくるのではなく、わずかな力の人間でも自分の周りを照らす人間になってほしい。そうした人が集まれば、それが世界平和につながるのだと大師はいっています。

大きな問題をなんとか自分で解決できるようになりなさいというのではないのです。一人ひとりが徳を高めて、身近な人をどれぐらい救っていけるのか。そういう人の数を増やすことが、結果として世界の平和につながるのです。全体を見回すことは大切ですが、全体ばかり見すぎて自分を失っては元も子もありません。すべての問題の源が一人の人間にあるように、すべての問題を解く鍵も一人の人間が持っています。自分とは何者か。それを知る人が巡り巡って世界を救う人になるのだと思います。

自己反省は修行の第一歩です。そこから自分の目標が定まります。みんながみんな、立派な人物になるとか主役になる必要はないのです。脇役でもいい、下役でもいい。脇役が自分の仕事を精いっぱいまっとうするから主役が素晴らしく見えるのです。いい脇役がいなければ、主役も見栄《みば》えがしないものです。

どうか皆様には、自らを知り、それぞれの場所でそれぞれの役割をまっとうしていただきたいと思います。それこそが自分に与えられた能力や運命を利用しながら輝いていく一番の方法です。そうやって、伝教大師がいわれる「一隅を照らす人」になっていただきたいと思います。

〈著者略歴〉

宮本祖豊（みやもと・そほう）

昭和35年北海道生まれ。59年出家得度。平成9年好相行満行。21年比叡山で最も厳しい修行の一つである十二年籠山行満行を果たす。比叡山延暦寺円龍院住職、比叡山延暦寺居士林所長を経て、比叡山延暦寺観明院住職、比叡山延暦寺大講堂輪番を務める。

覚悟の力

平成二十六年十月二十五日第一刷発行

令和　四　年十月　五　日第七刷発行

著　者　宮本　祖豊

発行者　藤尾　秀昭

発行所　致知出版社

〒150-0001東京都渋谷区神宮前四の二十四の九

TEL（〇三）三七九六―二一一一

印刷・製本　中央精版印刷

落丁・乱丁はお取替え致します。（検印廃止）

ISBN978-4-8009-1054-7 C0095

ホームページ　https://www.chichi.co.jp

Eメール　books@chichi.co.jp